Den Staat neu definieren

SOZIALWISSENSCHAFTLICHE STUDIEN
DES SCHWEIZERISCHEN INSTITUTS FÜR
AUSLANDFORSCHUNG
BAND 29 (NEUE FOLGE)

BEGRÜNDET VON
PROF. DR. DR. h.c. FRIEDRICH A. LUTZ (†)

HERAUSGEBER:
Bis Band 17: PROF. DR. DANIEL FREI (†)
Band 18 bis 22: PROF. DR. WILLY LINDER
ab Band 23: Prof. Dr. DIETER RULOFF

2000
VERLAG RÜEGGER

Schweizerisches
Institut für
Auslandforschung

Den Staat neu definieren

Herausgeber: Dieter Ruloff

Beiträge von: Ulrich Bremi
Johann Eekhoff
Otmar Issing
Henner Kleinewefers
Robert A. Levine
Wernhard Möschel

Symposiumsbericht von Lukas Guyer,
Christian Hirschi und Christian Moser

Verlag Rüegger

Die Deutsche Bibliothek – CIP-Einheitsaufnahme

Den Staat neu definieren / Schweizerisches Institut für Auslandforschung. Hrsg.: Dieter Ruloff. Beitr. von: Ulrich Bremi ... - Chur ; Zürich : Rüegger, 2000

(Sozialwissenschaftliche Studien des Schweizerischen Instituts für Auslandforschung ; N.F., Bd. 29)

ISBN 3-7253-0676-1

Internet: http://www.rueggerverlag.ch
E-mail: info@rueggerverlag.ch
ISBN 3 7253 0676 1
ISSN 0514-8197
Foto Umschlag: ImageBank
Druck: Südostschweiz Print AG, Chur

0044-14

Vorwort

Die meisten Staaten der entwickelten Welt haben sich verausgabt. Einerseits wird der Schuldenberg immer höher, andererseits greift der Fiskus den Bürgern immer tiefer in die Tasche. Der Staat muss sparen, muss schlanker werden, effizienter arbeiten. Modernisierungsbemühungen im Stile des New-Public-Management (NPM) sind überfällig. All dies löst aber das grundsätzliche Problem der entwickelten Staaten am Beginn des 21. Jahrhunderts nicht, nämlich die Frage ausufernder Staatstätigkeit. Die Staatsquote, d.h. die Summe aller staatlichen Ausgaben im Verhältnis zum BSP, die in den OECD-Ländern 1950 noch bei 15% lag, hat sich inzwischen mehr als verdoppelt. Spitzenreiter mit fast 60% sind die skandinavischen Länder. Für die Schweiz ist die entsprechende Zahl gemäss Angaben der OECD fast 50%.

Reformbemühungen der vorher genannten Art sind nun enge Grenzen gesetzt, wenn nicht die generelle Frage auch zur Diskussion gestellt wird, was der Staat an Leistungen zu erbringen hat und wo man zu weit gegangen ist. Gefragt sind Reformen, die privater Initiative wieder mehr Spielraum geben, die Kräfte des Marktes respektieren, Leistung honorieren und nicht bestrafen, Risikobereitschaft fördern, kurz: Schwung in die Wirtschaft bringen und damit möglichst allen Arbeit geben und *last but not least* auch wieder mehr Geld in die Kassen des Staates bringen. Eine Reduzierung der Staatstätigkeit ist also unumgänglich. Realistisch betrachtet ist eine solche Aufgabe nicht von heute auf morgen zu lösen, sondern nur Schritt für Schritt, zielgerichtet, ausdauernd, mit langem Atem. Angesicht wohl organisierter und z.T. fest eingegrabener Interessen steht und fällt das Projekt einer Rückbindung des Staates mit der Entwicklung eines breiten gesellschaftlichen Konsenses. Zur Entwicklung eines solchen Konsenses will der vorliegende Band einen Beitrag leisten. Er enthält die Vorträge des Schweizerischen Instituts für Auslandforschung vom Wintersemester 1999/2000 und einen Bericht über ein wissenschaftliches Symposium zum Thema «Staatsaufgaben und Wirtschaftsfreiheit», das zum Abschluss des Semesters an der Universität Zürich durchgeführt wurde. Prominente Referenten konnten für den Zyklus und das Symposium gewonnen werden. Das Einleitungskapitel fasst die Beiträge im Sinne eines *executive summary* zusammen.

Den Staat nicht nur reformieren, sondern neu *definieren?* Es ging dem Institut bei der Formulierung des Themas darum, ganz klar zumindest eines zu signalisieren: Mit Reparaturen an Details ist es nicht mehr getan. Vielmehr sind grundsätzliche Überlegungen gefragt. Natürlich kann «Neudefinition» des Staates nicht kompletter Neubeginn von Anfang an sein. Man kann soziale und politische Strukturen nicht wie alte Bauwerke abreissen und dann neu, schön und effizient wieder errichten. Man würde auch über das Ziel hinausschiessen, denn vieles hat sich bewährt und verdient es, bewahrt zu werden. In jedem Falle gilt es, auf dem Boden der Realitäten zu bleiben. Zumindest nennen die Referate die Probleme nicht nur beim Namen, sie lieferten auch eine Reihe von Einsichten und Vorschlägen. Und diese geben Anlass, radikale Alternativen zumindest einmal zu durchdenken. Gerade in diesem Sinne ist auch der Blick auf die USA von Nutzen, den ein Vortrag aus dem Sommerzyklus 2000 unseres Instituts brachte, und der in diesen Band aufgenommen worden ist. Allen Zuhörern unseres Vortragszyklus wird der Band und seine Beiträge als Erinnerung nützlich sein. Allen anderen Lesern soll er einen Einstieg in eine Problematik bringen, die uns alle vermutlich noch lange beschäftigen wird.

Für das Zustandekommen der Vortragsreihe ist das Institut seinen Mitgliedern, die unser Institut tragen, zu grossem Dank verpflichtet, ebenfalls den Sponsoren der Vorträge, die sich mit Enthusiasmus engagiert haben: der UBS, der CS-Group, der Spross Holding, der Schweizerischen Nationalbank, der Neuen Zürcher

Zeitung und dem Zentrum für Internationale Studien (CIS) von ETH und Universität Zürich. Danken möchten wir auch der Universität Zürich und ihrem inzwischen emeritierten Rektor, Prof. Hans-Heinrich Schmid. Rektor und Universität haben unsere Veranstaltungen immer unterstützt und dem Institut Gastrecht bei seinen Vorträgen gewährt.

Zürich, im November 2000

Prof. Dr. Dieter Ruloff
Delegierter des Instituts

Inhalt

Dieter Ruloff

Einleitung: Den Staat neu definieren

Hohe Staatsquoten als Indiz überbordender Staatstätigkeit

Viele entwickelte Länder sind in eine Sackgasse geraten, aus der sie augenscheinlich keinen Ausweg finden. Sie haben sich mit mehr und mehr Staatsaufgaben übernommen, besitzen aber nicht die Kraft zu Reformen. Einen Eindruck von der Lage geben die Staatsquoten, also die Anteile am Sozialprodukt der entsprechenden Länder, die durch die Kassen des Staates laufen. Nur bei den neuen OECD-Ländern sind diese Anteile noch tief. Bei den grösseren Industrieländern befinden wir uns zwischen 30% und fast 60%. Vielfach wird auch jetzt noch kein Handlungsbedarf erkannt. Man muss nicht lange nach entsprechenden Argumenten suchen. Ein Text der SPD-nahen Friedrich-Ebert-Stiftung[1] stellt fest, einer Mehrheit der Bevölkerung in allen entwickelten Ländern gehe es heute kaum schlechter als Anfang der 70er Jahre, also zu Zeiten des ungebremsten Massenkonsums, sondern besser. Wozu also Panik?

Allerdings, so der zitierte Text, habe die Ungleichheit der Verteilung zugenommen, sowohl zwischen Arbeit einerseits und Einkommen aus Vermögensbesitz und Unternehmertätigkeit andererseits, als auch innerhalb der Arbeitnehmerschaft selbst. Eine wachsende Bevölkerungsminderheit sei von der Entwicklung nationalen Wohlstands geradezu «abgekoppelt». Ihr Einkommen liege weit unter dem nationalen Pro-Kopf-Einkommen, für das Alter stehe ihnen ein knappes Renteneinkommen bevor. Ein zu-

1 Vgl. Alfred Pfaller, Wohlstand für alle trotz Globalisierung und langsamen Wirtschaftswachstums: Thesen für den Arbeitskreis Europäische Integration. Bonn (Friedrich-Ebert-Stiftung) 1998, electronic edition.

Staatsquoten	Staatliche Ausgaben in % des BSP						
	1970	**1975**	**1980**	**1985**	**1990**	**1995**	**1997**	**1999***
Luxemburg	...	...	...	...	13.4	13.2	13.2	12.8
Mexiko	...	...	...	...	17.2	17.7	15.5	13.9
Türkei	...	...	...	...	27.9	26.5	24.3	23.9
Korea	...	17.1	19.3	17.6	18.0	20.5	21.9	25.7
USA	30.0	32.8	31.4	32.9	32.8	32.8	31.6	31.2
Irland	...	...	48.2	51.0	39.0	37.6	34.7	32.8
Australien	...	31.4	31.4	36.5	34.8	36.2	35.0	33.6
Island	...	...	32.5	35.7	39.3	39.0	36.7	35.9
Japan	19.0	26.8	32.0	31.6	31.3	35.6	35.2	38.4
Grossbritannien	37.2	44.8	43.4	44.4	41.8	44.4	41.0	40.3
Ungarn	...	...	...	...	...	49.2	45.0	40.7
Spanien	21.6	24.4	32.2	40.2	42.5	45.5	42.2	40.8
Neuseeland	...	...	...	...	48.8	38.8	38.5	41.4
Griechenland	...	27.9	30.4	42.9	48.2	48.3	42.9	41.7
Kanada	34.1	39.2	39.6	46.0	46.7	46.5	42.6	41.8
Portugal	19.5	28.0	23.2	40.2	40.6	44.6	43.9	43.7
Polen	...	...	...	...	60.8	49.3	46.8	44.7
Tschech. Rep.	...	...	...	...	...	44.8	45.3	46.1
Deutschland	38.3	48.4	47.9	47.0	45.1	49.8	47.9	46.9
Norwegen	34.9	39.8	43.9	41.5	49.7	47.6	44.3	47.2
Niederlande	41.3	50.2	55.8	57.1	54.1	51.3	48.7	47.5
Finnland	30.0	37.6	38.1	43.8	45.4	57.9	54.1	49.0
Schweiz	**...**	**...**	**...**	**...**	**41.0**	**47.5**	**48.8**	**49.2**
Italien	32.8	41.1	41.9	50.9	53.6	52.7	50.6	49.4
Österreich	37.6	44.3	47.1	50.4	48.6	52.5	49.8	49.4
Belgien	41.5	50.8	57.0	60.7	53.6	53.6	51.7	50.5
Dänemark	...	47.1	55.0	58.0	56.0	58.8	56.4	53.8
Frankreich	38.5	43.4	46.1	52.1	49.8	54.3	54.2	53.9
Schweden	42.8	48.4	60.1	63.3	59.1	65.6	62.3	59.6

* Schätzungen.
Quelle: OECD

sätzliches, ebenfalls wachsendes Bevölkerungssegment sei zwar aktuell nicht arm, aber von erhöhtem Risiko des Einkommensausfalls mit allen seinen sozialen Abstiegskonsequenzen bedroht. Als Ursache der zunehmenden Marginalisierung einer wachsenden Minderheit könne kaum Sozialabbau ausgemacht werden, im Gegenteil, denn die Ausgaben der sozialen Absicherungssysteme liegen heute in fast allen Bereichen und fast allen Ländern signifikant über dem Niveau Anfang der 70er Jahre. Nur eben seien die Anforderungen an diese Systeme stark gestiegen und überfordern sie zunehmend. Damit sind wir beim Thema, denn die meisten Staaten Westeuropas haben sich angesichts wachsender Anforderungen in der Tat verausgabt. Einerseits wird der Schuldenberg immer höher, andererseits greift die öffentliche Hand den Bürgern immer tiefer in die Tasche. Wichtigste Ursache der geschilderten Misere ist gemäss zitiertem Text letztlich das vergleichsweise niedrige Wirtschaftswachstum der letzten 25 Jahre, das nicht ausgereicht habe, um die Arbeitsmarkteffekte einer zunehmenden Erwerbsbevölkerung und steigender Produktivität zu kompensieren. Das Arbeitseinkommen, von dem der Grossteil der Bevölkerung sowohl für den Konsum als auch für die soziale Absicherung abhänge, wurde für viele ungenügend oder fiel (im Falle von Arbeitslosigkeit) ganz aus.

Reparatur der Reparaturen

Wer selbst von den Früchten eigener Arbeit abhängig ist, mag der Diagnose des Problems und ihrer Erklärung wohl noch zustimmen. Problematisch wird es bei der vorgeschlagenen Therapie: Es könne auch bei fortgesetzt langsamem Wirtschaftswachstum der Marginalisierung Einhalt geboten bzw. diese abgebaut werden, trotz verschärften internationalen Wettbewerbs durch Globalisierung. Die These, der europäische Wohlfahrtsstaat sei unbezahlbar geworden, sei nur richtig in dem Sinne, dass die Bürger sich zunehmend weigerten, diesen zu bezahlen! Als Ausweg werden drei «strategische Optionen» vorgeschlagen, die jede für sich oder miteinander kombiniert das Ziel eines ausreichenden Einkommens für all diejenigen garantieren, die kein Vermögen haben und deshalb von ihrer Arbeitskraft leben müssen: Eine steuerfinanzierte Ausweitung der staatlichen Nachfrage nach Arbeitskraft, die am Markt sonst nicht nachgefragt wird (Pflege, Schulunterricht, öffentliche Infrastruktur; oder die Verringerung des Angebots an Arbeit (etwa durch Arbeitszeitverkürzung); und schliesslich steuerfinanzierte Transfereinkommen für alle, die im Arbeitsmarkt kein akzeptables Einkommen beziehen. Um diese Strategien «wettbewerbsneutral finanzieren und somit gegen Weltmarktdruck immunisieren» zu können, werden höhere Steuern für mittlere und hohe Einkommen vorgeschlagen.

Hier haben wir die typische Reaktion auf Probleme, die nicht zuletzt durch *social engineering*, also staatliche Reparaturen an sozialen Verhältnissen, erst entstanden sind: weitere staatliche Reparaturen. Dabei wird vergessen, dass zu den wichtigsten Ursachen ungenügenden Wachstums eben die ausufernde Staatstätigkeit selbst gehört. Sie hat das Problem (zumindest zu einem Teil) selbst produziert. Der ausufernden Staatstätigkeit wurde zunächst durch wachsenden Zufluss an Mitteln in die Kassen des Staates zu Zeiten raschen Wirtschaftswachstums Vorschub geleistet. Dann, in zunehmend schwieriger Situation, zog sich der Staat jedoch nicht zurück, sondern dehnte seinen Einfluss weiter aus, um Herr der Lage zu werden: mit wachsenden Eingriffen, Umverteilungsversuchen, Regulierung, Übernahme von neuen Aufgaben. Die Staatsquote, d.h. die Summe aller staatlichen Ausgaben im Verhältnis zum BSP, die in den OECD-Ländern 1950 noch bei 15% lag, hat sich inzwischen mehr als verdoppelt (vgl. Tabelle S. 12). Spitzenreiter mit über 50% sind die skandinavischen Länder, die Schweiz liegt allerdings nicht viel darunter[2].

2 Experten der Bundesverwaltung widersprechen den Ökonomen der OECD hier allerdings – es läuft auf die Frage hinaus, ob gewisse Zwangsabgaben, obschon privat organisiert, auch in die Staatsquote einzurechnen sind. Wer dieser Meinung ist, kann die OECD-Zahlen durchaus akzeptieren.

Staatliche Verschlankungsübungen allein lösen das Problem nicht. An spürbaren Ausgabenkürzungen führt kein Weg vorbei. Der Staat muss sparen, muss schlanker werden, effizienter arbeiten. Modernisierungsbemühungen im Stile des New-Public-Management (NPM) sind überfällig. Auch gegen Verschlankungsübungen, wie sie die 1995 in Deutschland gegründete Kommission für einen schlanken Staat entwickelt und vorschlägt, ist nichts einzuwenden (eines der Mitglieder der Kommission, der ehemalige deutsche Verteidigungsminister Prof. Dr. Rupert Scholz, sprach im Sommer 1997 vor dem Institut für Auslandforschung). All dies löst aber nicht das grundsätzliche Problem der europäischen Industriegesellschaften zu Beginn des 21. Jahrhunderts. Gefragt sind Reformen, die privater Initiative wieder mehr Spielraum geben, Leistung honorieren und nicht bestrafen, Risikobereitschaft fördern, kurz: Schwung in die Wirtschaft bringen, allen Arbeit geben und damit *last but not least* auch wieder mehr Geld in die Kassen des Staates bringen.

Dies ist nur durch eine Verminderung der Staatstätigkeit möglich. Realistisch betrachtet ist eine solche nicht von heute auf morgen zu haben, sondern nur Schritt für Schritt, zielgerichtet, ausdauernd, mit langem Atem. Der Staat selbst ist zu einer solchen Kraftanstrengung allein kaum fähig. Gerade von der Globalisierung, von Standort- und Steuerwettbewerb, hatte sich mancher jenen Druck auf den Staat versprochen, der den Reformstau hätte auflösen sollen. Dies ist nicht oder nur sehr ungenügend eingetreten, vielleicht mit Ausnahme der USA. Eben darum floriert Amerika – siehe dazu den Beitrag von ROBERT A. LEVINE in diesem Bande. Nicht die Globalisierung lähmt die Politik, es sind die politischen Strukturen selbst, trotz Globalisierung. Der Staat gedeiht. Und dennoch gleicht er Gulliver in Liliput in Jonathan Swifts berühmten Roman: Er ist riesig, aber von vielfachen wohl organisierten Partikularinteressen gefesselt und deshalb nicht sehr bewegungsfähig. Angesicht dieser wohl organisierten und z.T. fest eingegrabenen Interessen steht und fällt das Projekt einer Rückbindung des Staates mit der Entwicklung eines breiten gesellschaftlichen Konsenses. In diesem Sinne ist das Thema des Zyklus zu verstehen: Neudefinition des Staates heisst nicht Neubeginn, Formulierung von radikalen Alternativen – solche sind als kontrafaktische Ideale wohl für den Denkprozess nützlich, aber nicht mehr. Neudefinition des Staates muss heissen: Diskussion ohne Vorurteile über die Frage, was soll der Staat, was kann er leisten, was können wir von ihm verlangen, und welche Mittel braucht er dazu. Dies war das Ziel unseres Zyklus, dessen Vorträge im vorliegenden Band in gedruckter Form vorliegen, nicht mehr. Denn Patentrezepte haben auch die Kritiker ausufernder Staatstätigkeit keine.

Überblick

PROF. HENNER KLEINEWEFERS, (Universität Freiburg) war eingeladen worden, mit einem Grundsatzvortrag als Auftakt den Zyklus auf seinen Weg zu bringen. KLEINEWEFERS gilt als ausgesprochener Kritiker überbordender Staatstätigkeit und kluger Analytiker der Schwäche staatlicher Überorganisation. In seinem Vortrag plädierte er für die Beschränkung des Staates auf seine Kernkompetenzen und den Ausbau der Wirtschaftsfreiheit. Als zentralen «Wunsch für die Zukunft der schweizerischen Bundesverfassung» sieht KLEINEWEFERS vor allem eine Stärkung der Freiheitsrechte des Bürgers, die wieder in ihrem traditionellen Sinne als Abwehrrechte gegenüber dem Staat zu verstehen seien, der heute wieder unverkennbar Ähnlichkeit mit dem absolutistischen und merkantilistischen Staat angenommen habe. Die Globalisierung mit ihrem Reformdruck auf den Staat sei Anlass genug, das Notwendige jetzt zu unternehmen.

PROF. JOHANN EEKHOFF, vormaliger Staatssekretär im Bundeswirtschaftsministerium der Bundesrepublik Deutschland kam nach Zürich, um die Grenzen des Wohlfahrtsstaates aufzuzeigen.

In seinem Vortrag malte EEKHOFF ein düsteres Bild der Situation. Als zentrale Schwäche des Wohlfahrtsstaates sieht EEKHOFF die Vorstellung, man könne mit staatlichen Massnahmen nicht nur die politische Freiheit des einzelnen sichern, sonder auch seine Freiheit von wirtschaftlichen Zwängen erreichen. Beim Versuch jedoch, durch Lenkung und Umverteilung die Wohlfahrt zu mehren, würden wirtschaftliche Chancen vernichtet und falsche Anreize gesetzt. Mit einer Anzahl von Beispielen verdeutlichte der Referent seinen Standpunkt und schloss dann allerdings mit einer eher optimistischen Note: Die Lernfähigkeit des Menschen und der zunehmende Widerstand gegen die wachsenden Wünsche des Staates seien Anlass zu Optimismus, auch die wachsende Verschuldung des Staates, weil die hohe Zinsbelastung den Handlungsspielraum des Staates zunehmend einenge.

PROF. OTMAR ISSING, Mitglied des Direktoriums der Europäischen Zentralbank, benutzte seinen Vortrag zunächst dazu, den Auftrag der Europäischen Zentralbank noch einmal klar zu umreissen: Die Regierungen des Euroraumes hätten versprochen, den Euro zu einer stabilen Währung zu machen, und die EZB werde alles daran setzen, dieses Versprechen in die Tat umzusetzen. Danach kam ISSING zum eigentlichen Thema, nämlich dem weiterhin doch beträchtlichen Reformbedarf der Länder der EU und speziell der Teilnehmer an der Wirtschafts- und Währungsunion WWU. Bei der Finanzpolitik habe es in der letzten Zeit beträchtliche Konsolidierungsfortschritte gegeben, nicht zuletzt wegen des Stabilitätspaktes der Regierungen. Wenig Erfolg sieht ISSING jedoch beim Arbeitsmarkt. Die hohe Erwerbslosigkeit im Euroraum habe grösstenteils strukturelle Ursachen. Neben einer Flexibilisierung der Arbeitsmarktpolitik forderte ISSING auch eine weitere Deregulierung der Güter- und Dienstleistungsmärkte. Die aktuelle Euroschwäche zeigt, dass auch die internationalen Märkte dies ähnlich sehen.

PROF. WOLFGANG STREECK, Direktor des Max-Planck-Institutes für Gesellschaftsforschung in Köln, sprach zum Thema «Staat, Markt und ‹Bündnis für Arbeit›: Renovierung des ‹deutschen Modells›?» (am 16.11.99). Sein Vortrag war leider als Manuskript nicht zu erhalten. Er sei hier kurz skizziert: «Reformstau» ist inzwischen ein bekanntes Fremdwort sogar in englischsprachigen Abhandlungen zur europäischen Politik und Wirtschaft geworden. Die Reformunfähigkeit vor allem Deutschlands wird damit auf den Begriff gebracht. Warum funktionieren Institutionen wie das früher oft gelobte Bündnis für Arbeit nicht so recht? Gemäss STREECK liegt der Grund darin, dass sich in Deutschland zwei sozialdemokratische Parteien, nämlich die SPD und die CDU, um die werktätige Wählerschaft bemühen. Dadurch sei es der SPD fast unmöglich geworden, die Gewerkschaften in einen Reformprozess einzubinden. Auch das System der ständigen Wahlen in den Bundesländern konterkariere jeden Versuch, kontinuierliche Politik zu machen. Wenn sich in der Zwischenzeit STREECKS Pessimismus doch nicht im vollen Umfang bewahrheitet hat – das Bündnis für Arbeit ist nicht gescheitert – so hat er doch in einer Hinsicht Recht behalten: Ein grundsätzlicher Wandel weg von der passiven Bewirtschaftung der Arbeit hin zur aktiven Erhöhung des Beschäftigungsniveaus ist auch in Deutschland noch nicht in Sicht.

An den ursprünglich für WOLFGANG STREECK vorgesehenen Platz in diesem Band wird aus gegebenem Anlass der Text eines Vortrags von DR. ROBERT A. LEVINE von der berühmten RAND Corporation in Santa Monica, Kalifornien, eingeschoben, der im Frühjahr 2000 an unserem Institut gehalten worden ist: Warum führen die USA und nicht Europa? Einige Gedanken zu diesem Thema hatte LEVINE bereits in einer Kolumne in der Herald Tribune vom März 1999 zur Diskussion gestellt, damals noch unter dem plakativen Titel «Why does America prosper so – an Europe not?» Auch der Vortrag hatte diesen Titel, der ursprünglich von der Redaktion der genannten Zeitung stammte, nicht von LEVINE selbst. Der vorliegende Text ist nun etwas vorsichtiger betitelt: Warum führt Amerika, warum folgt Europa? Tatsächlich geht es Europa gut, aber Amerika liegt immer vorne, auch bei der Zähmung des Staates. LEVINE sieht historische und kulturelle Gründe, die Europa von den USA doch stark unterscheiden, namentlich die Einstellung der Menschen zur Arbeit und zum Staat, auch was ihre Erwartungen an diesen betreffen. Spielräume, unternehmerisch tätig zu sein und Zweifel an der Fähigkeit des Staates, mit Regeln und mit Geld die Dinge ins Lot zu bringen, zeichnen die USA im Gegensatz zu Europa aus.

Für PROF. WERNHARD MÖSCHEL, Universität Tübingen und bis vor kurzem Vorsitzender der Monopolkommission der Bundesrepublik Deutschland, gibt es zwei Gründe einer Privatisierung von Staatsaufgaben, nämlich das Freiheitsargument und das Effizienzargument. Bei einer Staatsquote von rund 50% habe auch ersteres einige Bedeutung, obschon üblicherweise das Effizienzargument in den Vordergrund gerückt werde. Hohe Staatsanteile von 50% oder mehr prägten das Bankgeschäft, den Eisenbahnverkehr, die Rentenversicherung, das Gesundheitswesen, Rundfunk und Fernsehen sowie den Bildungsbereich. Am meisten öffentliche Betriebe gebe es jedoch auf der Gemeindeebene, von Verkehrs- und Versorgungsbetrieben über die Müllabfuhren und Gärtnereien bis hin zu Gaststätten. Aus dem Blickwinkel der Effizienz sei zunächst auf entsprechende Mängel von Staatsbetrieben zu verweisen. Wichtiger seien jedoch die Wettbewerbsverzerrungen, die resultierten, weil hier Steuergelder eingesetzt würden. Zuletzt jedoch spricht gemäss MÖSCHEL auch ein Rechtsstaatsargument für Privatisierung, weil dadurch die intransparente Gemengelage verschiedener Interessen, die bei staatlicher Wirtschaftstätigkeit oft auftrete, verschwinde. Die Chancen der Privatisierung beurteilt MÖSCHEL trotz ihrer Notwendigkeit allerdings als nicht eben gross. Von der Politik sei wenig Hilfe zu erwarten, weil man mit Privatisierung kaum Wahlen gewinnen könne. Allerdings würden Haushaltsnöte, demographische Entwicklungen und internationaler Wettbewerb zuletzt doch etwas mehr Bewegung in die Sache bringen.

a. Nationalrat Ulrich Bremi, richtete in einem interessanten und bewegenden Vortrag in der bis auf den letzten Platz gefüllten Aula der Universität Zürich zum Abschluss des Zyklus den Blick auf die Schweiz und den Reformbedarf in diesem Lande. Bremis These besagt, dass die schweizerische Politik, namentlich die Wirtschafts- und Strukturpolitik, sich von jener anderer Länder vor allem deshalb unterscheiden, ja diese sogar übertreffen müsse, weil hierzulande die Erwartungen weit höher seien als anderswo. Man erwarte einen höheren Lebensstandard, eine bessere und verlässlichere Alterssicherung, bessere Krankenversicherung, Vollbeschäftigung, Spitzenleistungen der Bildungsinstitutionen usw., und zwar angesichts wachsender Konkurrenz aus dem Ausland. Mit eklektischen Strategien, etwa linearem Abbau des Lohnniveaus mit Blick auf die Konkurrenzfähigkeit der hiesigen Industrie, werde man der Sache nicht gerecht. Auch die Diskussion um eine gerechtere Verteilung der Arbeit lenke von den Problemen ab. Man habe kein Schwierigkeiten bei der Verteilung der Arbeit, sondern bei deren Beschaffung. Schlussendlich könne dieses Land sein Niveau nur mit einer Wertschöpfung halten, die weit über jener anderer Länder liege. Der Staat habe nun jene Randbedingungen zu schaffen, die dies ermöglichen. Eine besondere Rolle komme dabei den Bildungsinstitutionen zu, die zu reformieren seien. Wichtiger jedoch sei der andauernde Wille zum Lernen, der in den Schulen einzuüben sei. Schliesslich verwies Bremi noch auf das politische System der Schweiz, das auch die Politiker angesichts der direkten Demokratie vor grössere Herausforderungen stelle als in anderen Ländern, weil der Druck von beiden Seiten komme: vom Volk und von den Sachzwängen her. Bremi schloss seine Rede mit einem Lob des Milizsystems, das eine breite Teilnahme an den öffentlichen Dingen erlaube. Allerdings gehöre dazu nicht nur das Mittun, sondern auch das Zuhören – an letzterem mangele es mitunter.

Symposium

Dem Band beigefügt ist am Schluss noch ein Bericht über ein Symposium zum Thema «Staatsaufgaben und Wirtschaftsfreiheit», das vom Institut für Politikwissenschaft der Universität Zürich, dem Zentrum für internationale Studien (CIS) von ETH und Universität Zürich und dem Schweizerisches Institut für Auslandforschung durchgeführt wurde und den Vortragszyklus des Instituts abschloss. Referenten und ihre Themen waren

Dr. Markus Rauh, Präsident des VR, Swisscom AG:
Swisscom – ein ehemaliger staatlicher Regiebetrieb im freien Markt.

Dr. Bernhard Weilharter, Associate Director, Arthur D. Little:
Deregulierung des Strommarktes in der Schweiz – Probleme und Perspektiven.

Prof. Dr. Thomas Bernauer, ETH Zürich:
«Race to the bottom?»

Prof. Dr. Klaus Armingeon, Universität Bern:
Deregulierung des Arbeitsmarktes.

Prof. Dr. Silvio Borner, Universität Basel:
Standortprobleme der Schweiz.

Prof. Dr. Ulrich Klöti, Universität Zürich:
Marktversagen und Staatsaufgaben aus der Sicht der Politikwissenschaft.

Prof. Dr. Gebhart Kirchgässner, Universität St. Gallen (HSG):
Staatsversagen und Marktaufgaben aus der Sicht des Ökonomen.

Prof. Dr. Hermann Lübbe, Universität Zürich:
Wirtschaftliche Logik und politische Sachzwänge im Widerstreit – Die Moralisierungstendenzen in der Politik.

Prof. Dr. Klaus von Beyme, Universität Heidelberg:
Wirtschaftspolitik und politische Sachzwänge

Der Bogen des Symposiums war weit gespannt, von der Praxis eines teilprivatisierten Unternehmens bis hin zu den allgemeinen Fragen des Zusammenhangs von Wirtschaft und Politik. Der «rote Faden» ging in den Diskussionen jedoch nie verloren: Was kann der Staat, was soll der Staat und wieviel Staat können und wollen wir uns überhaupt leisten? Entscheiden müssen derartige Fragen schlussendlich nicht die Wissenschaftler, sondern die Bürger selbst. An der Wahlurne haben sie dazu Gelegenheit.

Henner Kleinewefers

Nach der Konsolidierung die Reform: Wünsche für die Zukunft der schweizerischen Bundesverfassung

1 Einleitung und Überblick

Ich werde in meinem Beitrag versuchen, das Leitmotiv der ganzen Vortragsreihe «Den Staat neu definieren» mit meinem speziellen Thema «Wünsche für die Zukunft der schweizerischen Bundesverfassung» zu verbinden und hoffe, auf diese Weise dem Charakter eines Eröffnungsbeitrages gerecht zu werden. Der rote Faden durch meine Argumentation wird der folgende sein:

Der Grund, warum wir darüber nachdenken, ob und wie wir den Staat neu definieren sollten und könnten, sind die alltäglichen bedrückenden Erfahrungen der wachsenden Übermacht des Staats gegenüber dem Bürger und des gleichzeitig zunehmenden, von niemandem wirklich verantworteten Staatsversagens in den europäischen Interventions- und Wohlfahrtsstaaten, unter denen die Schweiz längst keine Ausnahme mehr ist. Diese beiden Entwicklungen sind an sich nicht neu; sie haben vielmehr den modernen Interventions- und Wohlfahrtsstaat seit seiner Entstehung vor über fünfzig Jahren unter dem massgeblichen Einfluss von Keynes und Beveridge begleitet. Sie treten auch nicht zufällig gemeinsam auf. Es lässt sich vielmehr zeigen, dass die wachsende Macht und Aktivität des modernen Interventions- und Wohlfahrtsstaats notwendigerweise zu Lasten der individuellen Freiheit und Kreativität geht und vielfältige Formen des Staatsversagens zur Folge hat.

In Zeiten der Globalisierung führt Staatsversagen viel schneller als früher zu einer akuten Bedrohung der Konkurrenzfähigkeit im internationalen Standortwettbewerb. England konnte sich nach dem Zweiten Weltkrieg noch einen mehr als dreissigjährigen Niedergang erlauben, bis die Thatcherschen Reformen unvermeidlich und damit auch politisch möglich wurden. Heute kann sich kein Land – auch nicht ein so reiches wie die Schweiz – fast beliebig lange fast beliebig viel Staatsversagen leisten. Auch wer für philosophische Fragen über das Verhältnis zwischen Bürger und Staat oder zwischen individueller Freiheit und sozialer Gerechtigkeit und Sicherheit nicht viel übrig hat oder zu kollektivistischen und etatistischen Antworten tendiert, wird durch das Staatsversagen in Zeiten der Globalisierung dazu gezwungen, über eine Neudefinition des Staats nachzudenken, was inzwischen – allerdings nicht in der Schweiz – sogar moderne Sozialdemokraten tun, wenn auch mehr aus Erkenntnis der Notwendigkeit als aus innerer Neigung.

Die Fakten bezüglich des Staatsversagens sind im Prinzip seit langem – auch in der Schweiz – bekannt. Ich werde mich deshalb nicht lange damit aufhalten. Umstritten ist allerdings die relative Einschätzung des Staatsversagens im Vergleich mit dem tatsächlichen oder vorgeblichen Marktversagen, welches ja neben bzw. zusammen mit Gerechtigkeitsargumenten die zentrale Rechtfertigung für staatliche Eingriffe darstellt. Es gibt hier zwei Standpunkte. Interventionisten können ohne weiteres Staatsversagen zugeben und dennoch Interventionisten bleiben, weil sie der Auffassung sind, dass das Staatsversagen eben das kleinere Übel sei als das dadurch verhinderte, behobene oder gemilderte Marktversagen. Anti-Interventionisten hingegen werden nicht nur diese Wertung anders vornehmen, sie werden vor allem das vorgebliche Marktversagen auf die staatlichen Interventionen zurückführen und damit als solches in vielen, möglicherweise sogar in allen Fällen bestreiten. Dementsprechend gibt es zwei Therapien: die Verbesserung des Interventionismus, was ja in vielen Fällen schon sehr hilfreich wäre, und seine Einschränkung bzw. Beseitigung. Zu beidem gibt es eine unübersehbare Fülle von Literatur.

Wir wissen inzwischen bei den meisten aktuellen Problemen des Staatsversagens ziemlich genau, was wir tun und lassen müssten, um die Situation zu verbessern – bzw. wir könnten es wissen, wenn wir die vorhandenen Ergebnisse zur Kenntnis nähmen. Aber es geschieht erstaunlich wenig: Die Erkenntnisse werden verdrängt, und die Therapien sind – vorerst meistens – noch «politisch unmöglich».

Statt mich mit der Fülle von vorhandenen vernünftigen Vorschlägen zu beschäftigen und vielleicht noch den einen oder anderen eigenen hinzuzufügen, werde ich daher lieber der Frage nachgehen, warum das politische System sich so lange und so erfolgreich gegen die längst bekannten Massnahmen zur Milderung längst bekannter Probleme sperren kann. Der springende Punkt ist, dass die laufenden politischen Entscheidungen in ihrer Gesamttendenz auch die Ergebnisse der politischen Entscheidungsstrukturen sind und dass infolgedessen eine grundlegend neue Politik wohl die Veränderung der politischen Strukturen voraussetzt. An diesem Punkt werden wir allerdings in Schwierigkeiten geraten. Die politischen Entscheidungs*strukturen* der Schweiz sind von denen der anderen europäischen Interventions und Wohlfahrtsstaaten sehr verschieden, was, wie man weiss, ein zentraler Bestandteil, wenn nicht sogar der Kern der nationalen Identität dieses multiethnischen, sprachlichen und kulturellen Landes ist. Die Entscheidungs*ergebnisse* hingegen sind denjenigen in den anderen europäischen Interventions und Wohlfahrtsstaaten verblüffend ähnlich. Dieses Paradoxon stellt den weitverbreiteten Glauben an die Überlegenheit und geradezu Vorbildlichkeit der schweizerischen politischen Institutionen grundsätzlich in Frage: Sie sind zwar sehr anders; aber dies hat offenbar gar keine Konsequenzen oder zumindest sehr viel geringere, als man vermuten sollte. Das erste und wichtigste Ziel meines Beitrags ist, dieses Paradoxon bewusst zu machen. Zweitens werde ich einige – gewiss sehr vorläufige – Überlegungen über seine Ursachen anstellen. Und drittens versuche ich zu zeigen, über welche Verfassungsprobleme wir einmal vorurteilslos und gründlich nachdenken und debattieren sollten, wenn wir wirklich eine andere Politik wollen. Wir bewegen uns auf Neuland; man erwarte daher keine fertigen Rezepte.

Am Schluss wird die Frage stehen, ob die Demokratie im allgemeinen und ihre schweizerische Variante im besonderen zur friedlichen Selbstreform fähig sind. In dieser Hinsicht gibt es – trotz der ernüchternden aktuellen Situation – im Prinzip durchaus Anlass zu Zuversicht, was allerdings nicht bedeutet, dass sich dabei gerade das gegenwärtige schweizerische Demokratiemodell als besonders zukunftsträchtig erweisen müsste.

2 Staatsversagen in Zeiten der Globalisierung

Staatsversagen liegt vor, wenn der Staat die falschen Dinge tut und/oder wenn er diejenigen Dinge, die er tut, falsch anpackt.[1] Die falschen Probleme sind diejenigen, die in jedem Fall vom privaten Sektor, insbesondere von den Märkten, effizienter gelöst werden könnten als durch staatliche Interventionen. Die falsche Methode wird dann benutzt, wenn es effizientere Interventionsmöglichkeiten gäbe als die tatsächlich eingesetzten. Dabei ist zu bemerken, dass der Effizienzmassstab im Prinzip rein formal, d.h. auf das jeweilige Zielsystem bezogen ist. Das bedeutet insbesondere, dass es, wenn wir soziale Sicherung und Umverteilung als Ziele unterstellen, effizientere und weniger effiziente Methoden zu deren Realisierung gibt, die die Mittel, die zur Realisierung der anderen Ziele verbleiben, in geringerem oder grösserem Ausmass beschneiden.

1 Staatsversagen kann auch in der Form auftreten, dass der Staat Aufgaben *nicht* wahrnimmt, die nur er effizient erfüllen kann und die ihm auch ausdrücklich aufgetragen sind. Dieses Problem steht in der Schweiz allerdings zur Zeit nicht im Vordergrund und wird daher im weiteren nicht mehr ausdrücklich erwähnt.

In Zeiten der Globalisierung wird das Effizienzargument dringlicher, und es erhält unbestreitbar eine ökonomischere Tendenz. Globale, weit weniger als früher behinderte Konkurrenz findet heute nicht nur seitens der Produzenten um die Nachfrage statt, sondern je länger je mehr auch seitens der Standorte um die Produzenten bzw. um die mobilen Produktionsfaktoren Geldkapital und (hochwertiges) Humankapital. Konkurriert wird auf den Güter- und Kapitalmärkten praktisch ausschliesslich um den nachhaltigen finanziellen Nettoertrag, während auf den Humankapitalmärkten neben dem nachhaltigen finanziellen Nettoertrag weitere Elemente in den Nutzenfunktionen der Menschen enthalten sind. Die weltweite Information und Mobilität und die dadurch enorm verschärfte Konkurrenz setzen auch dem Staat neue Restriktionen und zwingen ihn, mehr als in den letzten Jahrzehnten die ökonomische Effizienz zu beachten und auch die Rechte derjenigen zu respektieren, auf deren Ressourcen, Kreativität und Leistung zur Erhaltung der Konkurrenzfähigkeit nicht verzichtet werden kann.

Das alles zu betonen, bedeutet noch nicht, der Idee eines Minimalstaats zu frönen. Die theoretische und empirische Forschung der letzten Jahrzehnte, insbesondere auch die Erfahrungen in Entwicklungsländern und beim Übergang der ehemals sozialistischen Länder zur Marktwirtschaft, haben klar gemacht, wie wichtig vor allem die effiziente und glaubwürdige Wahrnehmung der klassischen Staatsaufgaben[2], aber auch die Wahrung des sozialen Friedens als Rahmenbedingungen für die Marktwirtschaft sind. Der optimale Staatsanteil dürfte in der Gegend von 25% bis 30% des Sozialprodukts liegen[3], wobei die für den sozialen Frieden

2 Es handelt sich dabei um die Wahrung des äusseren Friedens, des inneren Friedens und der Rechtssicherheit sowie das Angebot bzw. zumindest die Finanzierung weiterer (echter) öffentlicher Güter, insbesondere der Infrastruktur. Die genaue Abgrenzung ist allerdings nicht immer eindeutig und daher umstritten.

3 Dass der optimale Staatsanteil nicht null sein kann, ist seit Thomas Hobbes und den klassischen Ökonomen unbestritten. Dass der Staatsanteil in den Interventions und Wohlfahrtsstaaten überoptimal ist, ergibt sich aus vielen (linearen) Schätzungen, die durchweg einen negativen Einfluss

unerlässliche soziale Sicherung inbegriffen ist. Das Optimum bezieht sich dabei auf die Maximierung der nachhaltigen Wachstumsrate des Sozialprodukts, worin sich die ökonomische Tendenz des Massstabs zeigt. Wird das Optimum unter- oder überschritten (zu wenig oder zu viel Staat), so wird die maximale nachhaltige Wachstumsrate des Sozialprodukts verfehlt.

Es sei betont, dass dieses Optimum ein vermuteter empirischer Durchschnittswert ist. Wo der die nachhaltige Wachstumsrate maximierende Staatsanteil für eine konkrete Gesellschaft liegt, hängt auch von gesellschaftlichen, kulturellen und politischen Faktoren ab, inbesondere von den Präferenzen der Bürger, dem Entwicklungsstand der Volkswirtschaft, der äusseren Sicherheitslage und der Effizienz der staatlichen Leistungserbringung. Allerdings stimmen alle Untersuchungen überein, dass in den europäischen Interventions- und Wohlfahrtsstaaten der optimale Staatsanteil bei weitem überschritten und mithin der Staat zur (vermutlich wichtigsten) Wachstumsbremse geworden ist.[4]

Die Frage ist nun, ob man von diesem Optimum beliebig in der Weise abweichen kann, dass für einen höheren Staatsanteil, der üblicherweise vor allem für mehr soziale Sicherheit und Umverteilung eingesetzt wird, eine niedrigere nachhaltige Wachstumsrate in Kauf genommen wird. Daran sind erhebliche Zweifel erlaubt. Erstens gilt das Ertragsgesetz auch für diesen Zusammenhang: Die Grenzkosten steigen bei zunehmender Staatstätigkeit im allgemeinen und vermehrter Umverteilung im besonderen,

---

der Staatsquote auf das Wachstum feststellen. Das Optimum muss also zwischen null und dem heutigen Zustand liegen. Die direkte Schätzung mittels nichtlinearer Schätzfunktionen scheitert daran, dass es keine (vergleichbaren) unteroptimalen Beobachtungen gibt. Die genannte Eingrenzung ergibt sich einerseits aus der Interpretation der vorhandenen Schätzergebnisse und könnte anderseits synthetisch approximiert werden, indem man von den gesamten Staatsausgaben diejenigen abzieht, die nach den vorliegenden empirischen Erkenntnissen wachstumsschädlich sind.

4 Vgl. dazu neuestens B. Heitger, Wachstums und Beschäftigungseffekte einer Rückführung öffentlicher Ausgaben. Eine empirische Analyse für die OECD-Länder, Tübingen 1998 mit umfassendem Nachweis der zahlreichen früheren empirischen Untersuchungen anderer Autoren. Ferner derselbe, Wachstumswirkungen von Steuern und Staatsausgaben, Kieler Diskussionsbeitrag Nr. 148, 1989.

während der Grenznutzen sinkt. Und zweitens nehmen manche der Probleme, die der Sozialstaat lösen möchte, bei abnehmendem Wachstum überproportional zu. Die beiden Effekte sind also interdependent und verstärken sich gegenseitig, so dass die Frage ernsthaft gestellt werden muss, ob bei globaler Konkurrenz suboptimale Wachstumsraten ökonomisch und gesellschaftlich nachhaltig stabil sein können.

Vor diesem argumentativen Hintergrund sollen nun in aller Kürze einige Aspekte des Staatsversagens in der Schweiz dargestellt werden. Zentrale makroökonomische Problemindikatoren sind die eklatante Wachstumsschwäche[5] *(Anhang 1)* und die beeindruckende Zunahme der Staats und Fiskalquoten *(Anhang 2)* sowie der Staatsverschuldung *(Anhang 3)*. In diesem Bild sind die hohen ungedeckten Checks noch nicht enthalten, die vor allem in der Alterssicherung bereits ausgestellt wurden und von denen in der Sozialpolitik laufend weitere in Umlauf gesetzt werden. Eine Umkehr der Trends bei den Staats und Fiskalquoten ist daher ohne eine erhebliche und nachhaltige Wachstumsbeschleunigung nicht zu erwarten. Aber zu der notwendigen Wachstumsbeschleunigung wird es ohne diese Umkehr eben gerade kaum kommen. Der für 2001 vorgesehene Haushaltsausgleich beim Bund ist, so gesehen, nur ein allererster Schritt, mit dem man sich umso weniger begnügen darf, als er zum guten Teil mittels einer langfristig schädlichen Erhöhung der Staats- und Fiskalquoten erzielt wird und zudem nicht einmal für die Folgezeit gesichert ist.

Hinter den genannten makroökonomischen Problemindikatoren steckt eine Fülle von konkreten Fällen des Staatsversagens: Der Staat übernimmt Aufgaben, die er nach allem, was wir wissen, in keinem Fall effizienter lösen kann als die Privatwirtschaft. Er produziert selbst, wo er sich auf die Finanzierung beschränken

5 Die Wachstumsschwäche wird angesichts des im (methodisch nicht unproblematischen) internationalen Vergleich immer noch sehr hohen absoluten Wohlstands oft bagatellisiert. Noch ein verlorenes Jahrzehnt wird sich die Schweiz aber nicht leisten können.

sollte. Er produziert ineffizient, wo eine staatliche Produktion im Prinzip angezeigt ist. Er betreibt einen undurchdringlichen und überaus kostspieligen Dschungel von Umverteilungsaktivitäten nach allen Seiten, deren saldiertes Endergebnis oftmals bescheiden ist, deren ungünstige Neben- und Fernwirkungen aber beträchtlich sind. Er behindert den Wettbewerb durch den Schutz etablierter Interessen und zahllose Auflagen, Vorschriften und Interventionen. Mit wachsender Staatsmacht nehmen auch Korruption und Willkür in allen Formen zu und die effektive Kontrolle und Verantwortlichkeit ab. Kurzum, die Schweiz ist zu einem ziemlich normalen europäischen Interventions und Wohlfahrtsstaat geworden. Ihre frühere Ausnahmestellung hinsichtlich des Wohlstands, des Wachstums und der Staatsaktivitäten ist weitgehend eingeebnet worden. Die Bürger wurden bei alledem jedoch nicht zufriedener, und ihr Vertrauen in den Staat nahm, ähnlich wie anderen Interventions- und Wohlfahrtsstaaten, sogar ab *(Anhänge 4 und 5)*. Ob sie ohne die enorme Zunahme der Staatsaktivitäten noch unzufriedener wären und noch weniger Vertrauen in den Staat hätten und ob der soziale Frieden dann gefährdet(er) wäre, können wir zwar nicht wissen. Ich halte es allerdings nach dem zuvor Gesagten für wenig wahrscheinlich.

In einem gewissen Kontrast zu diesem – trotz einigen Besserungsansätzen in den letzten Jahren[6] – eher düsteren Bild stehen die Ergebnisse verschiedener Ratings[7] der internationalen Konkurrenzfähigkeit, in denen die Schweiz auch heute noch meist recht günstig abschneidet, wenn auch die Spitzenplätze vielfach verlorengegangen oder zumindest die Abstände zur Konkurrenz kleiner geworden sind. Dennoch: der Widerspruch zwischen der

---

6 Die wichtigsten Beispiele sind das Binnenmarktgesetz, das Gesetz über technische Handelshemmnisse, die Gesetzgebung über das öffentliche Beschaffungswesen und das neue Kartellgesetz. Einige –zum Teil aber durchaus ungenügende und/oder zweideutige – Fortschritte gab es auch in der Agrarpolitik, in der Ausländerpolitik und bei den Privatisierungen.

7 Vgl. z.B. IMD: World Competitiveness Yearbook, World Economic Forum: Global Competitiveness Report, Fraser Institute: Economic Freedom of the World, Heritage Foundation and Wall Street Journal: Index of Economic Freedom, IBC: International Country Risk Guide.

gerade auch im internationalen Vergleich sehr ausgeprägten Wachstumsschwäche und der zunehmenden Ausdehnung und Ineffizienz der Staatsaktivitäten einerseits und den guten Plätzen in den Ratings anderseits könnte gar nicht grösser sein. Das Problem ist an sich bekannt; systematisch bearbeitet wurde es meines Wissens jedoch noch nie. Solange die Frage nicht geklärt ist, wird man sich wohl besser an den tatsächlichen Resultaten und nicht an den Ratings orientieren.

3 Fakten, Ursachen und Therapien: bekannt, verdrängt und politisch unmöglich

Die zuvor summarisch erwähnten *Fakten* über das Staatsversagen in der Schweiz sind weitestgehend bekannt. Vor allem vor und nach der EWR-Abstimmung von 1992 ist eine ganze Reihe von zusammenfassenden Studien erschienen, in denen der schweizerische Interventions- und Wohlfahrtsstaat im Hinblick auf seine Konkurrenzfähigkeit innerhalb Europas bzw. im Alleingang unter die Lupe genommen wurde.[8] Diese synoptischen Arbeiten basieren auf einer Unzahl von Detailuntersuchungen von einzelnen Wissenschaftern, im Rahmen von Nationalfondsprojekten oder auch von staatlichen Stellen, in denen einzelne Problem und Politikbereiche analysiert worden sind; und es erscheinen laufend weitere derartige Studien. Die Diagnose des Staatsversagens in der Schweiz ist schon seit langem völlig ausreichend.

Eine andere Sache ist allerdings, dass diese Erkenntnisse die breite Öffentlichkeit gar nicht erreichen oder allenfalls einen

---

8 Vgl. insbesondere S. Borner, A. Brunetti, Th. Straubhaar, Schweiz AG. Vom Sonderfall zum Sanierungsfall? 3. Aufl., Zürich 1990. Dieselben, Die Schweiz im Alleingang, Zürich 1994. P. Moser, Schweizerische Wirtschaftspolitik im internationalen Wettbewerb, Zürich 1991. D. de Pury u.a. (Hrsg.), Mut zum Aufbruch. Eine wirtschaftspolitische Agenda für die Schweiz, Zürich 1995. Kommission für Konjunkturfragen, Liberales wirtschaftspolitisches Konzept, Materialienband, Bern 1999. Dieselbe, Liberales wirtschaftspolitisches Konzept. Eine Richtschnur für die längere Frist, Bern 1999.

vorübergehenden Eindruck hinterlassen, der zudem durch politische Gegenpropaganda erstaunlich leicht neutralisiert werden kann. Dass die breite Öffentlichkeit, aber auch viele Spezialisten, nicht erreicht werden, hängt sicherlich auch mit mangelhaften Kommunikationsinteressen und -fähigkeiten der Autoren und ihrer Institutionen zusammen. Mindestens ebenso wichtig dürfte es sein, dass diese Art von Nachrichten keinen grossen Unterhaltungswert besitzt und daher für die Medien, ohne die heute nichts läuft, nur von geringem Reiz ist. Es kommt hinzu, dass die Untersuchungen vereinzelt und diskontinuierlich anfallen und dadurch in ihrer systematischen Bedeutung leicht unterschätzt werden. Über wichtige Themen wird einmal in einem Nationalfondsprojekt oder von einem interessierten Wissenschafter geforscht oder von einem Amt auf Verlangen von Bundesrat oder Parlament ein Bericht verfasst; und dann geschieht möglicherweise während Jahrzehnten nichts mehr. Die Ergebnisse geraten in Vergessenheit und/oder veralten, weil sich die Tatsachen und/oder die Erklärungsansätze ändern. Diese – u.a. mit dem Milizsystem zusammenhängende – mangelnde Systematik und Kontinuität ist ein grundlegendes Problem der Politikbeobachtung in der Schweiz, dessen Bedeutung, auch für die Wahrnehmung in den Medien und in der Öffentlichkeit, kaum je diskutiert worden ist.

Die mangelhafte Wahrnehmung erleichtert natürlich auch die politische Verdrängung wissenschaftlicher Erkenntnisse.[9] Was Jahr für Jahr von einer kompetenten Institution, begleitet von einer kritischen wissenschaftlichen und publizistischen Diskussion und dadurch auch immer wieder verbessert, vorgelegt würde, könnte niemals so leicht vom Tisch gefegt werden wie die heutigen Gelegenheitsarbeiten. Und aus genau diesem Grund haben die Politi-

9 Ein nachgerade klassisches Beispiel hierfür ist das sich anbahnende Desaster der staatlichen Alterssicherung, vor dem seit mehr als zwanzig Jahren mit Hinweisen auf die Alterung der Bevölkerung und die Wachstumsschwäche des Landes gewarnt wird. Die politische Reaktion war bisher: Leugnung des Problems, Unterdrückung von Berichten, Anforderung immer neuer Berichte, Manipulation der Wachstumsprognosen, Verkürzung des Prognosezeitraums.

ker auch keinerlei Interesse an einer solchen Institution. Das politische Scheitern der Expertengruppe Wirtschaftslage in den späten siebziger Jahren war in dieser Hinsicht exemplarisch[10] und ist immer noch sehr lehrreich[11].

Die politische Auseinandersetzung verschärft sich, wenn es um die *Ursachen* des festgestellten Staatsversagens und um Staatsversagen als Ursache von Marktversagen geht und wenn im Zusammenhang damit über *Therapien* diskutiert wird. Denn durch die Ursachenanalyse wird explizit oder implizit zumeist auch Verantwortung zugemessen, und Therapievorschläge modifizieren den status quo, der im allgemeinen seine vehementen Verfechter hat. Dass es in vielen Bereichen der angewandten Sozialwissenschaften, insbesondere auch in der Wirtschafts und Sozialpolitik, in den letzten zwanzig bis dreissig Jahren zu einer beachtlichen Konvergenz der Ansichten über Problemursachen und sinnvolle Therapien gekommen ist,[12] wird im politischen Alltag nach Belieben verdrängt. So bleiben die zuvor genannten Studien, die ja zumeist nicht nur Problemdiagnosen, sondern auch Ursachenhypothesen und Therapievorschläge enthalten, auch in dieser Hinsicht ohne grosse Wirkung. Im Normalfall werden sie einfach ignoriert, was schon deswegen am einfachsten ist, weil sie aus den bereits angeführten Gründen ohnehin die grosse Öffentlichkeit nie oder nur sehr peripher erreichen und daher bald vergessen werden. In dem Ausnahmefall; in dem aus welchen Grün-

10 Vgl. dazu H. Kleinewefers, Die Expertengruppe Wirtschaftslage ist tot. Ein Nekrolog, Neue Zürcher Zeitung, Nr. 224, 26.9.1980.

11 Zu den Lehren gehört u.a., dass die Schweiz dringend einen «think tank» braucht, dass dieser aber nicht im staatlichen Bereich angesiedelt und dass er auch nicht im üblichen Sinn breit abgestützt sein darf. Die neuesten Nachrichten in dieser Sache deuten darauf hin, dass nur die beiden ersten Punkte, aber nicht der für das Gelingen genauso wichtige dritte Punkt verstanden worden sind.

12 Einen frühen pragmatischen Überblick auf der Basis von Umfragen geben B.S. Frey, W.W. Pommerehne, F. Schneider, G. Gilbert, Consensus and Dissension Among Economists: An Empirical Inquiry, American Economic Review, Vol. 74, 1984.
Im Übrigen weiss jeder Kundige, dass seither die ursprünglich einmal sehr schroffen theoretischen, methodologischen und dementsprechend auch politischen Gegensätze zwischen Keynesianismus auf der einen und Monetarismus und rational choice theory auf der andern Seite zwar nicht verschwunden sind, aber doch einer überaus subtilen Argumentation Platz gemacht haben.

den auch immer das einfache Totschweigen nicht ausreicht, genügen dann gleichwohl die – die eigentliche Argumentation gar nicht berührenden – Bannflüche[13] mangelnder politischer Korrektheit und mangelnder politischer Realisierbarkeit, um Problemerklärungen und Vorschlägen die Relevanz zu nehmen, auch wenn sie sich auf weitgehenden wissenschaftlichen Konsens stützen können. Nur unter starkem äusseren Druck und/oder angesichts unabweisbarer Ressourcenknappheit kommt es, meist zu sehr später Stunde, zur Einsicht und zu zweckmässigen Taten. «Gouverner c'est prévoir» ist keine Stärke der schweizerischen Demokratie.

4 Änderung der Politik durch Änderung der politischen Strukturen: Demokratiereform in Zeiten der Globalisierung

1. Innovation durch Addition

Die Schweiz ist ein Land, in dem viel und gern – vermutlich mehr als in den meisten anderen Ländern – politisiert wird. Die Kleinheit und damit Übersichtlichkeit der Verhältnisse, die noch durch den ausgeprägten Föderalismus und die Gemeindeautonomie akzentuiert werden, sowie die direkten Volksrechte, die die konkrete Beteiligung der Bürger an der Politik ermöglichen, dürften wichtige Gründe hierfür sein. Wo politisiert wird, bleiben Unzulänglichkeiten nicht verborgen; es wird geschimpft und kritisiert. Und früher oder später hat dies auch Konsequenzen; es wird etwas geändert. Allerdings weisen solche Änderungen, ganz davon abgesehen, dass sie meist sehr spät kommen, in der Schweiz zwei Besonderheiten auf: Sie sind, erstens, so gut wie nie grundsätzlicher, sondern eher marginaler Natur, und es wird, zweitens, so

13 Ein zugleich eindrucksvolles und trauriges Beispiel hierfür war die Art und Weise, wie das «Weissbuch» (D. de Pury u.a., Hrsg., Mut zum Aufbruch, Zürich 1995) niedergeknüppelt wurde, bis sich buchstäblich niemand mehr dazu zu bekennen wagte. Es war ein Tiefpunkt eidgenössischer Argumentations«kultur».

gut wie nie etwas Bestehendes abgeschafft, vielmehr wird dem Bestehenden etwas Neues hinzugefügt, von dem man glaubt, dass es die aufgetretenen Probleme lösen oder mildern werde. «Innovation durch Addition»[14] ist seit eh und je ein Grundprinzip schweizerischer Politik.

Vor allem Gruner und Neidhart haben auch eine Erklärung für dieses Prinzip gegeben.[15] Die Schweiz ist ethnisch, sprachlich, kulturell, religiös und wirtschaftlich ein überaus heterogenes Land mit entsprechenden latenten Spannungen. Der offene Ausbruch dieser Spannungen wurde, historisch gesehen, zumeist, aber wie man weiss, keineswegs immer dadurch verhindert, dass die verschiedenen Bruchlinien im allgemeinen nicht aufeinanderliegen, sondern sich in vielfältiger Weise kreuzen. Statt grosser, mehrdimensionaler und permanenter Konflikte fester Koalitionen an *einer* Front sind eher kleinere Auseinandersetzungen um Einzelprobleme in den unterschiedlichsten Koalitionen an *vielen* Fronten die Regel. Schon deshalb sind mehrdimensionale permanente Mehrheits- und Minderheitspositionen eher selten. Angesichts der damit verbundenen Gefährdungen des nationalen Zusammenhalts versucht man aber auch bewusst, sie durch sehr ausgeprägten Föderalismus, Minderheitenschutz und Bestandesgarantien zu vermeiden. Die pragmatische Nicht-Grundsätzlichkeit der politischen Debatte, das obsessive Streben nach breiter Abstützung aller Entscheidungen und eben die Scheu, etwas Bestehendes abzuschaffen, sind Aspekte dieser in historischer Erfahrung wurzelnden politischen Kultur. Das fakultative Referendum, mit dem die Betroffenen unliebsame Neuerungen bekämpfen können, ist ihre institutionelle Besonderheit.

14 Die überaus treffende Formulierung stammt m.W. von Erich Gruner.

15 Vgl. vor allem E. Gruner, Die Wirtschaftsverbände in der Demokratie, ErlenbachZürich 1956. Derselbe, Die Parteien in der Schweiz, Bern 19691 bzw. 19772. Derselbe, Regierung und Opposition im schweizerischen Bundesstaat, Bern 1969. L. Neidhart, Plebiszit und pluralitäre Demokratie, Bern 1970.

Das Referendum als Bremse ist in jüngster Zeit durch Verhinderungsinitiativen ergänzt worden. Daneben hat die Initiative ihre klassische Funktion als Ventil für beachtliche Veränderungswünsche beibehalten, welches bekanntlich mehr bewirkt als die nackte Abstimmungsstatistik ahnen lässt, aber wegen des erforderlichen doppelten Mehrs von Volk und Ständen die grundlegende Interessenbalance gleichwohl nicht in Frage zu stellen vermag. Insofern ist die vielbeschworene Innovationsfunktion der Initiative durchaus zu relativieren.

Gruner und Neidhart haben auch schon gezeigt, wie sich das gesamte politische System vor allem der institutionellen Besonderheit des fakultativen Referendums dadurch angepasst hat, dass alle referendumsfähigen Gruppen von Anfang an in die Entscheidungsprozesse eingebunden und durch Kompromisse soweit zufrieden gestellt werden, dass das Referendum vermieden wird. Die letzte Konsequenz ist die permanente grosse Koalition, die auch solchen Schweizern für *ihr* Land als geradezu natürlich erscheint, die über «österreichische Verhältnisse» die Nase rümpfen und generell in anderen Ländern grosse Koalitionen nur als vorübergehenden Notbehelf in besonderen politischen Situationen sinnvoll finden. Der darin liegende Widerspruch wird nicht einmal bemerkt, geschweige denn thematisiert.

2. Die Rolle der Interessengruppen

Was bei historisierender schweizerischer Nabelschau als grosse nationale Besonderheit erscheint, erweist sich bei systematischer Betrachtung als der Normalfall in der Entwicklung der modernen Demokratie.

Hayek hat gezeigt, wie sich die Interessengruppen des demokratischen Staats bemächtigt und ihn in ihrem Interesse zum Interventions- und Wohlfahrtsstaat umgestaltet und ausgebaut haben.[16] Buchanan, Tollison und Tullock haben dies in ihrer Theorie der rent seeking society dargestellt.[17] Olson verdanken wir die Erkenntnis der unterschiedlichen Organisierbarkeit und Organisationsmacht der verschiedenen Interessen, die die Ausbeutung der Allgemeinheit durch spezielle Interessengruppen ermöglicht.[18] Olson hat auch beschrieben, wie sich das Interessengruppengeflecht mit zunehmender Dauer einer nicht durch Kriege und Revolutionen gestörten demokratischen Entwicklung immer mehr verfestigt, den Staat unterwandert und sich seiner bedient und dann bestenfalls nur noch Innovationen durch Addition zulässt, wobei er die Schweiz ausdrücklich als Beispiel erwähnt.[19] Nicht zuletzt hat die alte Bürokratietheorie[20], unterstützt von manchen Soziologen[21], gezeigt, dass die Bürokraten selbst im Zuge dieser Entwicklung eine immer wichtigere Gruppe mit einem starken Interesse am weiteren Ausbau des Interventions und Wohlfahrtsstaats geworden sind.

Ein zentrales Thema der Diskussion müsste eigentlich die Beobachtung sein, dass es den Interessengruppen weitgehend unabhängig von den jeweiligen institutionellen Besonderheiten der jeweils betrachteten Demokratie *überall* gelingt, einen wichtigen, wenn nicht sogar beherrschenden Einfluss geltend zu machen. Gewisse Besonderheiten der Schweiz in Bezug auf die Rolle der Interessengruppen haben letztlich historische Gründe. Einerseits wird dadurch die Zusammensetzung und Gewichtung der effek-

---

16 Vgl. vor allem F.A. von Hayek, Die Verfassung der Freiheit, Tübingen 1971. Derselbe, Recht, Gesetzgebung und Freiheit, 3 Bände, München 1981/82. H. Kleinewefers, Über Friedrich von Hayeks Verfassung der Freiheit, in: derselbe, Reformen für Wirtschaft und Gesellschaft, Frankfurt 1985. Derselbe, Hayek und die Demokratiereform, Freiburg 1999. Derselbe, Verbände und Demokratie, Schweizer Monatshefte, 1991.

17 Vgl. J.M. Buchanan, R.D. Tollison, G. Tullock (eds.), Towards a Theory of the Rent-Seeking Society, College Station 1981. Ferner G. Tullock, The Economics of Special Privilege and Rent-Seeking, Dordrecht 1989.

18 M. Olson, Die Logik des kollektiven Handelns, Tübingen 1968.

19 M. Olson, The Rise and Decline of Nations, New Haven and London 1982.

20 Vgl. vor allem W.A. Niskanen, Bureaucracy and Representative Government, Chicago and New York 1971. Derselbe, Bureaucracy: Servant or Master? London 1973

21 Vgl. z.B. sehr drastisch H. Schelsky, Die Arbeit tun die andern, München 1977. Derselbe, Funktionäre, 2. Aufl., München 1982.

tiv vertretenen Interessen direkt beeinflusst. Anderseits ermöglichen die ihrerseits durch die schweizerische Geschichte zu erklärenden besonderen institutionellen Verhältnisse spezielle Wege und Methoden der Interessenvertretung. Darauf wird gleich noch näher einzugehen sein. Aber noch einmal: Das Ergebnis, dass die Politik von den Interessengruppen beherrscht wird, ist in allen Demokratien dasselbe. Es wird auch überall als Tatsache festgestellt und vielfach mit recht ähnlichen Argumenten beklagt, die jeweils an der Verzerrung der Interessenrepräsentation anknüpfen[22], so insbesondere an der Bevorzugung von speziellen gegenüber allgemeinen Interessen, von Status-quo- gegenüber Veränderungsinteressen und von Gegenwarts- gegenüber Zukunftsinteressen.

Die in diesem Zusammenhang wichtigen besonderen institutionellen Verhältnisse in der Schweiz sind die direkten Volksrechte, das Verhältniswahlrecht und der sehr ausgeprägte Föderalismus.[23]

Das fakultative Referendum gibt den Status-quo-Interessen eine scharfe Waffe gegen missliebige Veränderungen in die Hand, die – jedenfalls bisher – durch die Initiative nicht neutralisiert wurde. Dies hat sicherlich dazu beigetragen, dass die Schweiz nach dem grossen – den nationalen Zusammenhalt tatsächlich bedrohenden – Aufbruch in der Mitte des 19. Jahrhunderts wieder ein konservatives Land wurde, in dem, wie gezeigt, Innovation bestenfalls durch Addition möglich war. Das Verhältniswahlrecht erleichtert den Interessengruppen die Unterwanderung der Parteien und des Parlaments. Und schliesslich hat auch der ausgeprägte politische Föderalismus die Interessengruppenmacht gefördert. Alle wichtigen Interessen sind schon seit langem auf nationaler Ebene wirksam organisiert und damit den eher in den Kantonen verankerten Parteien in mancher Beziehung überlegen.

22 Davon ist natürlich ein explizit gewollter Minderheitenschutz zu unterscheiden.

23 Alle diese Besonderheiten hatten ursprünglich auch oder sogar ausschliesslich den Minderheitenschutz als Ziel.

In den letzten Jahrzehnten haben zwei Entwicklungen zu Ergebnissen geführt, die vor dreissig oder vierzig Jahren wohl kaum jemand vorhergesehen hat.

Die schweizerische Gesellschaft hat sich mit einiger Verzögerung, deren Gründe den Wirtschafts- und Sozialhistorikern wohlbekannt sind, urbanisiert und modernisiert, und das bedeutet im vorliegenden Zusammenhang vor allem mobilisiert und pluralisiert.[24] Dadurch hat sich das Gewicht der traditionellen referendumsfähigen Interessengruppen[25] teilweise deutlich verringert. Es sind neue Gruppen in diesen «Club» eingetreten[26], und es kommt je länger je mehr zu erfolgreichen Referenden und Initiativen von ad hoc Gruppen.[27]

Diese Entwicklung wird massgeblich dadurch unterstützt, dass die Eintrittsbarrieren[28] für den politischen Markt bedeutend niedriger geworden sind, indem vor allem die Unterschriftenzahlen für Referenden und Initiativen relativ zur Zahl der Stimmbürger stark gesunken sind,[29] aber auch die opportunity costs anderer Formen der politischen Betätigung für Interessengruppen stark abgenommen haben.

Während die gesellschaftlichen Entwicklungen ein Factum sind, welches nicht beeinflusst, sondern nur zur Kenntnis genommen werden kann, ist die Höhe der Eintrittsbarrieren für den politi-

24 Vgl. z.B. H. Kleinewefers, R. Pfister, W. Gruber, Die schweizerische Volkswirtschaft, 4. Aufl., Frauenfeld 1993, I. Teil.

25 Es handelte sich dabei vor allem um die Spitzenverbände der Wirtschaft (Vorort, Arbeitgeberverband, Gewerbeverband, Bauernverband) und den Gewerkschaftsbund.

26 Ein interessantes Beispiel sind die Umweltverbände.

27 Beispiele sind etwa die diversen Denner-Initiativen oder das westschweizerische Referendumskomitee gegen das Arbeitsgesetz.

28 Separate Austrittsbarrieren gibt es auf dem politischen Markt nicht. Der Verlust besteht nur in den versunkenen Eintrittskosten, die beim Wiedereinstieg erneut fällig werden.

29 Vgl. H. Kleinewefers, «Verwesentlichung» der Politik durch Einschränkung der direkten Volksrechte? Freiburg 1995. Eine um die Reformvorschläge gekürzte und überarbeitete Version dieses Aufsatzes ist H. Kleinewefers, Die direkten Volksrechte in der Schweiz aus ökonomischer Sicht, in: S. Borner, H. Rentsch (Hrsg.), Wieviel direkte Demokratie verträgt die Schweiz? Zürich 1997.

schen Markt institutionell bedingt und daher durchaus beeinflussbar. Die Frage ist, wie die Verringerung der Eintrittsbarrieren zu beurteilen ist. Auf diese Frage gibt es zwei mögliche Antworten.

Man kann die dadurch verschärfte Konkurrenz unter den Interessengruppen tel quel begrüssen, weil man sich davon eine umfassendere und ausgeglichenere Repräsentation der Präferenzen der Bevölkerung verspricht. Dies dürfte mit Berufung auf die Standardmarkttheorie die Spontanreaktion der meisten Ökonomen sein, und aus dieser Perspektive sind hohe Unterschriftenzahlen bei der Benutzung der direkten Volksrechte oder Mindestprozentklauseln im Verhältniswahlrecht reine Wettbewerbshemmnisse und Schutzmassnahmen zugunsten der etablierten Interessengruppen und Parteien.[30]

Man kann in niedrigen Ein- und Austrittsbarrieren für den politischen Markt allerdings auch ein Problem sehen. Dies ist zweifellos der Standpunkt der etablierten Interessengruppen und Parteien, die dadurch an Einfluss verlieren. Es gibt für diese Ansicht allerdings auch nichtinteressengebundene Argumente, die auf der unter Ökonomen wohlbekannten Theorie der Märkte für «Zitronen» basieren.[31] Da die Frage für die Reformdiskussion von grosser Bedeutung ist, sei diese Theorie hier ganz kurz erklärt.

Das Argument verläuft in seinen für den vorliegenden Zusammenhang wesentlichen Grundzügen wie folgt: Auf einem Markt werde ein Gut gehandelt, dessen Qualität für den Käufer nicht oder nur mit grossem Aufwand im voraus erkennbar ist (z.B. Gebrauchtwagen), während sie dem Verkäufer wohlbekannt ist.

---

30 Dies ist z.B. die Meinung von R. Eichenberger, Mit direkter Demokratie zu besserer Wirtschafts und Finanzpolitik: Theorie und Empirie, in: H.H. von Arnim (Hrsg.), Adäquate Institutionen: Voraussetzung für «gute» und bürgernahe Politik? Berlin 1999.

31 Vgl. G.A. Akerlof, The Market for 'Lemons': Quality Uncertainty and the Market Mechanism, Quarterly Journal of Economics, Vol. 84, 1970.

Dazu komme, dass der Käufer dieses Gut nur selten bzw. in grossen zeitlichen Abständen kauft. Und schliesslich übernimmt der Verkäufer keine formelle Garantie für das verkaufte Gut. In einem solchen Fall ist der Käufer schlecht daran, wenn er mit mangelhafter Qualität («Zitronen») übervorteilt wurde. Einen direkten Garantieanspruch hat er nicht, und die Drohung, nicht mehr bei diesem Händler zu kaufen, wird keinen grossen Eindruck machen. Die Situation ist ganz ähnlich, wenn der Händler zwar das Blaue vom Himmel verspricht und dafür die Garantie übernimmt, sich seinen Verpflichtungen aber leicht entziehen kann, indem er z.B. durch Konkurs aus dem Markt ausscheidet (niedrige Austrittsbarrieren). Diese Strategie wird er allerdings nur wählen, wenn er für den ursprünglichen Markteintritt bzw. einen künftigen Wiedereintritt keine grossen Aufwendungen hatte bzw. haben wird (niedrige Eintrittsbarrieren). Wenn ein Markt so strukturiert ist, werden die Anbieter schlechter Qualität mit ihren niedrigen Preisen die seriösen Anbieter guter Qualität entweder verdrängen oder zur Qualitätsverschlechterung zwingen. Es kommt zu ruinöser Schundkonkurrenz, die den Interessen der Käufer in keiner Weise dienlich ist und den Markt sogar gänzlich zerstören kann.[32] Abhilfe kann hier z.B. die Erhöhung der Markt-ein- und -austrittsbarrieren schaffen, die es den Freibeutern erschwert, in den Markt einzutreten und sich nach der bösen Tat folgenlos aus der Verantwortung wegzustehlen.

Wenn man es näher betrachtet, stellt man fest, dass der politische Markt in den wesentlichen Punkten grosse Ähnlichkeit mit dem Markt für «Zitronen» aufweist. Die Qualität der angebotenen «Güter» ist für den Wähler im voraus nicht leicht evaluierbar, sie werden nur in grossen zeitlichen Abständen «gekauft», und Verantwortung, Garantien oder gar Haftung sind in der Politik überaus unscharfe Begriffe mit einem sehr vagen Inhalt. Bei einer

32 Das Argument ist natürlich insofern gefährlich, als es, losgelöst von seinen marktstrukturellen Voraussetzungen, leicht für protektionistische Zwecke missbraucht werden kann.

deutlichen Senkung der Eintrittsbarrieren ist daher mit einer entsprechenden Verschlechterung der Qualität zu rechnen. Es gibt Anzeichen dafür, dass genau dies in den letzten Jahrzehnten in der Schweiz geschehen ist, während zuvor die Macht der traditionellen grossen referendumsfähigen Interessengruppen anscheinend während langer Zeit ziemlich «qualitätsbewusst» eingesetzt und daher auch kaum als Problem empfunden wurde.[33]

3. Zwischenergebnisse

Die beiden zentralen und miteinander eng zusammenhängenden Probleme in der Entwicklung der modernen Demokratie sind das zunehmende Übergewicht des Staats gegenüber dem Bürger und das immer ausgeprägtere Staatsversagen.

Das Staatsversagen konkretisiert sich in Ineffizienz und Unfairness. Ineffizienz bedeutet, dass der Staat die unterstellten Ziele nicht oder mit grösserem Aufwand erreicht, als eigentlich nötig wäre. In beiden Fällen werden Ressourcen verschwendet. Die mangelnde Fairness zeigt sich in der verzerrten Interessenselektion, für die es keine ethische Rechtfertigung gibt, so insbesondere in der Bevorzugung von speziellen gegenüber allgemeinen Interessen, von Statusquo gegenüber Veränderungsinteressen und von Gegenwarts- gegenüber Zukunftsinteressen.

Im globalen Wettbewerb werden Staatsübermacht und Staatsversagen schneller und ernsthafter zu einer Bedrohung der Konkur-

33 Die Frage, warum das anscheinend so war, wäre nähere Untersuchungen wert. Drei wichtige Elemente der Antwort dürften die folgenden sein: Grosse Verbände müssen bereits intern eine beträchtliche Aggregationsleistung heterogener Interessen erbringen und neigen daher nicht zu extremen Positionen. Es kommt hinzu, dass sich die permanenten grossen Teilnehmer am politischen Spiel immer wieder begegnen und daher kein Interesse daran haben können, die Kompromissbereitschaft der jeweils anderen zu sehr zu strapazieren. Nicht zuletzt können sich grosse Verbände nicht einfach um die gesamtwirtschaftlichen bzw.gesellschaftlichen Folgen ihrer Aktivitäten foutieren. Ihre langfristigen Durchsetzungschancen hängen vielmehr davon ab, dass sie sich eine Reputation von Verantwortungsbewusstsein aufbauen und erhalten. In allen diesen Punkten ist die Lage für kleine und erst recht für ad hoc Gruppen völlig anders.

renzfähigkeit und damit des Wohlstands *aller* als in früheren Zeiten, da das Finanz- und (hochwertige) Humankapital nicht mehr nur auf die langwierige, kostspielige und wegen seiner Minderheitsposition wenig aussichtsreiche Widerspruchsoption angewiesen ist, sondern sich auch der schnelleren und nunmehr, verglichen mit früher, auch kostengünstigeren und aussichtreicheren Abwanderungsoption bedienen kann.[34] Staatsversagen war immer schon ein Negativsummenspiel; es wurde gleichwohl gespielt, weil es seinen Promotoren etwas einbrachte, wenn auch ihr Gewinn kleiner war als der beschränkte und daher nicht sehr merkliche Verlust der Allgemeinheit. Im globalen Wettbewerb wird dieser Verlust viel grösser und dadurch auch merklicher.

Eine, wenn nicht *die* wesentliche Ursache für die weit über das Optimum hinausgegangene Entwicklung des Interventions- und Wohlfahrtsstaats liegt in der verzerrten Interessenrepräsentation, die durch direkte Volksrechte und Verhältniswahlrecht nach Schweizer Art nicht nur nicht korrigiert, sondern neuerdings vermutlich sogar verstärkt wird. Hier liegt daher der wichtigste Ansatzpunkt für die Neudefinition des Staats.

4. Kein Thema bei der Totalrevision der Bundesverfassung

Wer die Literatur über den mehr als dreissigjährigen Prozess der Totalrevision der Bundesverfassung auch nur oberflächlich kennt,[35] wird wohl meiner Feststellung zustimmen, dass die zuvor genann-

34 Vgl. dazu A.O. Hirschman, Abwanderung und Widerspruch, Tübingen 1974.

35 Die besten (ergebnisorientierten) Zusammenfassungen bieten die Kommissionsberichte, der Bericht des Bundesrats von 1985 und die Botschaft des Bundesrats: Expertenkommission für die Vorbereitung einer Totalrevision der Bundesverfassung, Verfassungsentwurf und Bericht, Bern 1977; vgl. dazu auch H. Kleinewefers, Der Verfassungsentwurf 1977, Freiburg 1996 (Nachdruck von 1978). Schweizerischer Bundesrat, Bericht über die Totalrevision der Bundesverfassung, Bern 30.10.1985. Reform der Bundesverfassung, Verfassungsentwurf und Erläuterungen, Bern 1995; vgl. dazu auch H. Kleinewefers, Der Verfassungsentwurf 1995, Freiburg 1996. Botschaft des Bundesrates, Reform der Bundesverfassung, Bern 20.11.1996. Bundesbeschluss über eine neue Bundesverfassung vom 18.12.1998.

ten Probleme in dieser Diskussion praktisch keine Rolle gespielt haben.

Angestossen wurde der Prozess 1964 durch Max Imbodens kleine Schrift «Helvetisches Malaise»[36], über deren grosse Wirkung man sich nur wundern kann. Ausgehend von der Beobachtung einiger von ihm so empfundenen Missstände wie insbesondere der abnehmenden Stimm- und Wahlbeteiligung trotz oder wegen der stark vermehrten politischen Propaganda, der behaupteten Abnahme der Leistungsfähigkeit von Staat und Verwaltung und gewisser vermuteter Gewichtsverlagerungen zwischen den staatlichen Gewalten nimmt Imboden eine sehr oberflächliche Ursachenanalyse vor, die eigentlich nur eine zweite Schicht von Symptomen offenlegt. Es folgt eine Reihe von Handlungsempfehlungen, nämlich insbesondere die Totalrevision der Bundesverfassung und dabei vor allem eine Erweiterung der direkten Volksrechte und gleichzeitig (!) eine Stärkung der staatlichen Gewalten. Er erhofft sich davon eine bessere Einbindung der Bürger in und Partizipation an der Politik und zugleich eine höhere Problemerkennungs- und Lösungskapazität des Staats.

Dabei wird ganz selbstverständlich unterstellt, dass durch die direkt- und indirektdemokratischen Verfahren so etwas wie ein umfassender Volkswille ermittelt werden könnte, der als konsistentes Zielsystem für den Interventions- und Wohlfahrtsstaat dienen könnte, dass Parlament, Regierung, Verwaltung und Justiz die getreuen, selbstlosen Vollstrecker des Volkswillens seien und dass der Staat bei richtigem Gebrauch des einschlägigen wissenschaftlichen Sachverstands die übertragenen Aufgaben zielkonform und effizient lösen könne. Wenn alle guten Willens sind und über das nötige Wissen und die erforderlichen Ressourcen verfügen, benötigt man nur noch die richtige Organisation, um die

36 M. Imboden, Helvetisches Malaise, Zürich 1964.

Lage der Gesellschaft zu verbessern; und das einschlägige Organisationshandbuch ist die Verfassung.

Dass es kein umfassendes und konsistentes gesellschaftliches Zielsystem gibt, dass vielmehr die staatliche Gewalt von Fall zu Fall zur Realisierung der Ziele von wirksam organisierten (Sonder)Interessen zu Lasten schlecht organisierter (allgemeiner) Interessen eingesetzt wird, dass dabei der gesamte staatliche Apparat selbst eine überaus privilegierte und wirksame Gruppe darstellt, die neben je unterschiedlichen Anliegen ihrer Subgruppen jedenfalls das überragende Interesse an einer Ausdehnung der Staatstätigkeit gemeinsam hat und dass es sehr enge Wissensgrenzen für effiziente staatliche Aktivitäten gibt, – alles das hat in diesem harmonistischen und wissensoptimistischen Bild keinen Platz. Dementsprechend sind Schutzmassnahmen zugunsten des einzelnen durch Sicherung und Ausbau der bürgerlichen Grundrechte, Vorkehrungen gegen den Missbrauch der Staatsmacht durch Gewaltentrennung[37] und checks and balances und Einschränkungen des Staatsversagens durch Begrenzung der Staatskompetenzen und tätigkeiten kein Thema.

Die grosse Wirkung von Imbodens Schrift erklärt sich vielleicht dadurch, dass sie dem Zeitgeist und dem, was er für gesicherte Erkenntnis hielt, perfekt entsprach. Imboden kam zuerst, er hatte den «first mover advantage» und legte eine Spur, die im gesamten Prozess der Totalrevision der Bundesverfassung nie mehr grundsätzlich verlassen wurde. Gewiss scheiterte der Verfassungsentwurf von 1977, der in dieser Spur zu schnell und zu weit vorpreschen wollte. Aber die tatsächliche Entwicklung des Interventions- und Wohlfahrtsstaats ist unterstützt durch Teilrevisionen und die Rechtsprechung langsam aber stetig in der einmal gelegten Spur vorangekommen. Wenn nun am Ende dieses Prozesses im wesentlichen nur noch eine Totalredaktion stand, darf

37 In diesem Aufsatz wird bewusst von Gewaltentrennung und nicht von Gewaltenteilung gesprochen, um das Gemeinte auch sprachlich völlig klar zu machen.

dies nicht darüber hinwegtäuschen, dass hier nicht die (von Imboden anvisierte) Verfassung von 1964 neu redigiert, sondern vielmehr die Summe von unzähligen kleinen und grösseren Einzelschritten eines staatsgläubigen, interventionistischen und wohlfahrtsstaatlichen Zeitalters festgeschrieben wurde.

Von den gesamthaft bestenfalls sehr gemischten Erfahrungen der Schweiz selbst mit dem Interventions- und Wohlfahrtsstaat, von den teilweise noch wesentlich schlechteren Erfahrungen anderer Länder, von dem Scheitern des bürokratischen Sozialismus im früheren Ostblock, von den Erfahrungen in Entwicklungsländern und last but not least von den teilweise umwälzenden, aber sehr gut theoretisch und empirisch fundierten Erkenntnissen der Wirtschaftswissenschaften auf den Gebieten der volkswirtschaftlichen Steuerung und der gesellschaftlichen, rechtlichen, politischen und ökonomischen Institutionen – von alledem ist nichts, wirklich nichts in die Vorarbeiten und das Ergebnis der Totalrevision der Bundesverfassung eingegangen. Gemessen an der Praxis, die sie ja im wesentlichen nur festschreibt, kann man die neue Bundesverfassung als konservativ bezeichnen. Gemessen an den heute bereits vorhandenen Erfahrungen und Erkenntnissen, die die schweizerische Praxis schon längst falsifizierend überholt haben, ist sie reaktionär.

Die neue Bundesverfassung löst kein einziges der Probleme, unter denen das Land heute bereits leidet oder die sich für morgen schon überdeutlich abzeichnen. Befangen in den Vorstellungen einer bereits vergangenen Epoche, wurden die Probleme von heute und morgen nicht einmal identifiziert. Das «helvetische Malaise» ist schlimmer denn je. Wer würde nicht mit einem nostalgischen Seufzer sagen: Wenn wir doch nur die Probleme von 1964 hätten! Und dieses Malaise produziert in «hektischer Stagnation»[38] Aktivitäten und Initiativen am Laufmeter, die, ohne die

38 Der treffende Ausdruck stammt aus S. Borner, A. Brunetti, Th. Straubhaar, Die Schweiz im Alleingang, Zürich 1994.

Probleme zu lösen, die unbestreitbare Ästhetik der neuen Verfassung bald überwuchern werden. Was bleibt dann noch?

5. *Denkanstösse*

Nochmals: Die Entscheidungsergebnisse, also die laufende Politik, sind auch das Resultat der Entscheidungsstrukturen.

Es ist gleichwohl nicht nutzlos, die laufende Politik zu kritisieren und Alternativen vorzuschlagen, selbst wenn diese im courant normal keine Realisierungschance haben. Sie stehen dann immerhin als vorgedachte Möglichkeiten zur Verfügung, wenn der Problemdruck so gross wird, dass sogar im Rahmen der bestehenden Entscheidungsstrukturen bisher politisch Unmögliches plötzlich eben doch möglich und sogar notwendig wird. So waren z.B. Direktzahlungen an die Landwirtschaft während zwanzig Jahren analysiert und diskutiert worden, ohne gegen den entschlossenen Widerstand des Bauernverbands auch nur den Hauch einer Realisierungschance zu haben. Dies änderte sich innert kürzester Frist, als der Druck der EU und der WTO so stark wurde, dass die bisherige Politik nicht mehr aufrecht erhalten werden konnte. Man könnte aus der Vergangenheit viele weitere Beispiele dieser Art nennen; und es gibt in der zuvor erwähnten aktuellen Literatur ganze Problemkataloge mit den dazu gehörenden Lösungsvorschlägen. Das ist schon deswegen nicht mein Thema, weil es, wenn auch sehr nützlich, so doch etwas abgegriffen ist.

Die Frage, die mich interessiert, lautet: Wie kann man die *Gesamt*dynamik der Fehlentwicklung des Interventions- und Wohlfahrtsstaats durch eine Veränderung der Entscheidungsstrukturen brechen? Es würden dann zwar immer noch genügend einzelne Fehler in der laufenden Politik gemacht, schon deswegen, weil wir auf vielen Gebieten nicht über das Wissen verfügen, welches für eine zielkonforme, effiziente Politik nötig wäre. Aber bei veränderten Entscheidungsstrukturen sollte dieses Argument des NichtWissens, d.h. der unabsehbaren Gesamtfolgen der Interventionen für die Allgemeinheit, eine Chance gegen die Sonderinteressen an bestimmten, absehbaren Teilfolgen haben und auf diese Weise zweifelhafte Interventionen verhindern. Auch die Korrektur bereits gemachter Fehler sollte leichter möglich sein. Das System sollte im Idealfall bescheidener und zugleich präventiver, schneller und fairer werden, statt an längst erkannten Fehlern unter grossen Kosten im weitesten Sinn solange festzuhalten, bis äusserer Druck und/oder absolute Ressourcenknappheit Änderungen erzwingen. Die Dominanz der Sonderinteressen und insbesondere das Quasi-Vetorecht der Status-quo-Interessen sollten eingeschränkt werden. Jedoch soll nicht eine luftige Utopie entworfen werden. Ausgangspunkt sind vielmehr die bestehenden Entscheidungsstrukturen in der Schweiz, und es werden Anstösse gegeben, worüber man vielleicht einmal genauer nachdenken und diskutieren müsste. Im übrigen handelt es sich dabei um Standardthemen der Demokratiediskussion[39], so dass die folgenden Hinweise mutatis mutandis auch für andere Demokratien von Interesse sein sollten.

a) Grundrechte

Es ist vielleicht an der Zeit, sich wieder einmal daran zu erinnern, dass die klassischen bürgerlichen Freiheitsrechte als Abwehrrechte gegen den absolutistischen und merkantilistischen Staat entstanden sind[40]. Der Interventions- und Wohlfahrtsstaat hat nun unverkennbare Ähnlichkeiten mit diesem absolutistischen und merkantilistischen Staat, so dass eine Wiederbelebung des klassischen Grundrechtsverständnisses durchaus begründbar erscheint.

---

39 Vgl. dazu umfassend K. Schweinsberg, Demokratiereform, Diss. Fribourg 1998.

40 Von den bürgerlichen Freiheitsrechten sind die politischen Partizipationsrechte und die sog. Sozialrechte, die Ansprüche an die Gemeinschaft darstellen, sorgfältig zu unterscheiden, obwohl sie vielfach alle zusammen mit dem Namen Grund oder Menschenrechte belegt werden.

Die merkantilistischen Elemente sind in den letzten zwanzig Jahren zwar bereits wieder zurückgedrängt worden; sie haben im Zeichen der globalen Konkurrenz wohl keine grossen Chancen für ein baldiges Come-back, obwohl nicht wenige Vertreter von Status-quo-Interessen genau davon träumen.

Bei den absolutistischen Elementen des Interventions- und Wohlfahrtsstaats sieht die Situation hingegen (noch) anders aus. Indem, wie Hayek[41] gezeigt hat, die moderne Demokratie die Souveränität vom absolutistischen Herrscher auf die Mehrheit (des Volks bzw. des Parlaments) übertrug, gab sie ihr zwar ein neues Subjekt und eine neue Legitimation, beseitigte aber nicht die ihr innewohnende Gefahr der Machtkonzentration und ihres Missbrauchs. Die bürgerlichen Freiheitsrechte sind zwar als Schutz gegen diese Gefahr konzipiert, haben sich aber im Ergebnis als teilweise unzureichend erwiesen, weil sie letztlich keine vom Mehrheitswillen unabhängige Legitimation beanspruchen können, sondern lediglich den Charakter einer Selbstbindung besitzen, die auch wieder aufgehoben werden kann. Allerdings kann diese Selbstbindung mehr oder weniger stark sein. Sie ist relativ stark, wenn die Änderung der Grundrechte qualifizierter Mehrheiten bedarf und wenn die Grundrechte durch eine unabhängige Verfassungsgerichtsbarkeit geschützt und/oder durch internationale Verträge und die dazu gehörende Gerichtsbarkeit abgesichert sind.

Auch eine starke Absicherung nützt allerdings nicht viel, wenn der Zeitgeist in allen beteiligten Institutionen bestimmte Grundrechte als weniger wichtig als andere oder gar als schädlich ansieht. Es zeigt sich dann sehr deutlich, dass Grundrechte tatsächlich keine unabhängige Legitimation besitzen und im (in einer Welt der Interdependenz unvermeidlichen) Konfliktfall im Prinzip immer zur Disposition stehen. Es genügt, wenn in solchen

41 Vgl. insbesondere F.A. von Hayek, Die Verfassung der Freiheit, Tübingen 1971.

Konfliktfällen systematisch zu Lasten bestimmter Grundrechte entschieden wird; man braucht sie gar nicht formell einzuschränken oder gar abzuschaffen.

Genau diese Entwicklung hat sich im Interventions- und Wohlfahrtsstaat während Jahrzehnten zu Lasten der wirtschaftlichen Freiheitsrechte (Eigentum, Handels und Gewerbefreiheit, Vertragsfreiheit) vollzogen. Das Vertrauen in die Güte und Weisheit des Staats bzw. seiner Organe und der Glaube an ihr tatsächliches Lenkungsvermögen war ebenso gross wie das Misstrauen gegenüber der Selbststeuerungsfähigkeit und Fairness eines Systems der Privatautonomie. Kommt hinzu, dass der Interventions und vor allem der Wohlfahrtsstaat nicht nur Kompetenzen, sondern auch Ressourcen benötigt, die er sich nur zu Lasten des privaten Sektors, also letztlich zu Lasten des Eigentumsrechts, beschaffen konnte. Folgerichtig waren die wirtschaftlichen Freiheitsrechte im Verfassungsentwurf von 1977 als Grundrechte minderen Stands konzipiert.[42] Dies ist in der neuen Bundesverfassung formell nicht der Fall; aber die dort festgeschriebene Entwicklung der letzten Jahrzehnte hat de facto genau dahin geführt.

Wenn nun dieser Kinderglaube an den staatlichen Paternalismus als Folge des Versagens, der Parteilichkeit und der Ineffizienz des Staats und mithin der Bedrückung durch den Staat verloren geht, liegt es nahe, den Stellenwert der wirtschaftlichen Freiheitsrechte wieder einmal gründlich zu überdenken und sie womöglich so zu reformulieren bzw. zu ergänzen, dass ihre systematische Beeinträchtigung in Konfliktfällen erschwert wird. Ich habe an anderer Stelle in Anlehnung an das bekannte Urteil des deutschen Bun-

42 Gemäss Art. 17 und Art. 19 des Verfassungsentwurfs 1977 wären das Eigentumsrecht und die Handels und Gewerbefreiheit («Wirtschaftsfreiheit») nur noch «im Rahmen der Gesetzgebung gewährleistet» gewesen. Der Verfassungsentwurf 1977 wurde denn auch als «Verfassung der Wirtschaftspolitik» (d.h. des Interventions und Wohlfahrtsstaats) der bestehenden «Verfassung der Handels und Gewerbefreiheit» (d.h. des grundrechtlichen Schutzes vor dem Staat) gegenübergestellt.

desverfassungsgerichts[43] den Vorschlag gemacht, ein individuelles Grundrecht auf den Ertrag der eigenen Arbeit und des eigenen Vermögens und zugleich eine Höchstgrenze der individuellen Belastung mit Zwangsabgaben aller Art von fünfzig Prozent in die Bundesverfassung aufzunehmen.[44]

Ein solches Grundrecht könnte den für die Sonderinteressen einschliesslich des Staatsapparats selbst so nützlichen Trend eines wachsenden Staatsanteils vermutlich wirksamer brechen als andere Massnahmen, die in der Schweiz derzeit diskutiert werden, wie insbesondere die sogenannten Ausgabenbremsen, temporäre Steuerstopps und Verschuldungsgrenzen. Solche und ähnliche Massnahmen, die auch im Ausland schon verschiedentlich ergriffen wurden, haben den Charakter von (Selbst)Verpflichtungen des politischen Sektors, die erfahrungsgemäss in vielfältiger Weise missachtet und umgangen werden können, ohne dass dagegen rechtlich viel zu machen wäre. Ein individuelles Grundrecht wäre hingegen – sogar in der Schweiz mit ihrer fehlenden Verfassungsgerichtsbarkeit auf Bundesebene – individuell einklagbar.

b) Direkte Volksrechte

Die direkten Volksrechte haben viele Vorzüge, deren wichtigster wahrscheinlich die Möglichkeit der politischen Artikulation an den Parteien vorbei ist. Aus diesem Grund sind ja direkte Volksrechte in vielen parlamentarischen Demokratien neuerdings ein Thema, da die Bürger je länger je mehr unter der verfilzten und selbstsüchtigen Parteienoligarchie leiden und das Vertrauen in den Staat verlieren.

Ich habe an anderer Stelle versucht, einen systematischen Überblick über die Vorzüge und Nachteile von direkten Volksrechten

43 Vgl. dazu H. Butzer, Freiheitsrechtliche Grenzen der Steuer und Sozialabgabenlast, Berlin 1999.
44 H. Kleinewefers, Das vergessene Grundrecht, Neue Zürcher Zeitung, Nr. 12, 16./17.1.1999.

zu geben.[45] Im Ergebnis teile ich die Meinung, dass direkte Volksrechte, richtig ausgestaltet, eine sinnvolle Ergänzung der repräsentativen Demokratie sind. Ich bin jedoch ganz und gar nicht der Ansicht, dass Demokratie «je direkter desto besser» sei.[46] Dafür gibt es insbesondere vier Gründe:

Die direkten Volksrechte haben, erstens, in Verbindung mit der Idee der Volkssouveränität ein Willkürpotential; und diese Verbindung ist nicht leicht zu vermeiden. Die Idee der Souveränität besagt, dass es einen obersten Entscheidungsträger gibt, dessen Entscheidungsgewalt nicht begrenzt ist. In der Demokratie scheint es selbstverständlich, dass das Volk der Souverän ist. In der Form direkter Volksrechte übt es diese oberste Entscheidungsgewalt selbst aus. Im übrigen delegiert es diese Gewalt an seine gewählten Repräsentanten. Das Prinzip der Souveränität ist letztlich unvereinbar mit dem Prinzip der Gewaltentrennung und macht politische Selbstbindung zu einem vorläufigen und jederzeit widerrufbaren Akt. Es ist nur konsequent, dass eine unabhängige Verfassungsgerichtsbarkeit für unvereinbar mit der Volkssouveränität gehalten wird. Allerdings spricht dies nicht unbedingt gegen die Verfassungsgerichtsbarkeit, sondern eher gegen die Volkssouveränität. In der Schweiz ist die Idee der Volkssouveränität so tief verankert, dass eine Diskussion darüber kaum stattfindet. Als Nebeneffekt dieses blinden Flecks wird im allgemeinen kaum bemerkt, dass die Funktionsweise der direkten Volksrechte auf kantonaler und kommunaler Ebene vollkommen anders zu einzuschätzen ist als auf Bundesebene. Auf kantonaler und kommunaler Ebene ist das Volk nämlich nicht souverän, sondern unterliegt

45 H. Kleinewefers, «Verwesentlichung» der Politik durch Einschränkung der direkten Volksrechte? Freiburg 1995. Eine um die Reformvorschläge gekürzte und überarbeitete Version dieses Aufsatzes ist H. Kleinewefers, Die direkten Volksrechte in der Schweiz aus ökonomischer Sicht, in: S. Borner, H. Rentsch, Wieviel direkte Demokratie verträgt die Schweiz? Zürich 1997.

46 Dies war der Titel der Antrittsvorlesung von Prof. Eichenberger an der Universität Fribourg am 22.4.1999. Auch wenn die Formulierung so nicht mehr benutzt wird, ist dies doch der Tenor der schriftlichen Version dieser Vorlesung: Mit direkter Demokratie zu besserer Wirtschafts und Finanzpolitik: Theorie und Empirie, in: H.H. von Arnim (Hrsg.), Adäquate Institutionen: Voraussetzung für «gute» und bürgernahe Politik? Berlin 1999.

Restriktionen durch übergeordnetes Bundesrecht und – im Fall der Gemeinden – Kantonsrecht, womit das Willkürpotential direkter Volksrechte auf diesen Ebenen weitestgehend ausgeschaltet ist. Dies gilt aber gerade nicht auf Bundesebene; und deshalb sind Erkenntnisse über die Wirkungen der direkten Volksrechte auf kantonaler und kommunaler Ebene keineswegs problemlos auf die Bundesebene übertragbar. «Je direkter desto besser» mag auf kommunaler und vielleicht auch noch auf kantonaler Ebene vertretbar sein; das bedeutet aber noch gar nichts für die Bundesebene.

Direkte Volksrechte haben, zweitens, ein Populismuspotential. Unter Populismus versteht man üblicherweise eine Politik, die sich volksnah gibt, indem sie in der Bevölkerung aktuell empfundene Probleme aufgreift und dazu (scheinbar) einfache und schnelle Lösungen vorschlägt, deren beabsichtigte direkte Wirkung jeder versteht. Negativ formuliert, wird auf eine allgemein gültige Programmatik, die sich immer auf das System als ganzes bezieht, ebenso verzichtet wie auf die Analyse der systematischen Ursachen der aufgegriffenen Probleme und und die Analyse der Systemwirkungen – also der Neben- und Fernwirkungen – der vorgeschlagenen Massnahmen. Es ist offenkundig, dass der Gebrauch der direkten Volksrechte ein solches Populismuspotential enthält; denn die erforderlichen Unterschriften und später Stimmen sind im Volk natürlich leichter erhältlich für Probleme und Vorschläge, die jeder zu verstehen meint, als für abstrakte Systemprobleme und -regeln. Es ist daher einfach, die direkten Volksrechte für Sonderinteressen in Anspruch zu nehmen. Erst den kontroversen Diskussionen der Anliegen im Parlament und in den Medien, die einer Abstimmung vorausgehen, gelingt es mehr oder weniger, das Bewusstsein der Stimmbürger auch für die systematischen Aspekte der aufgegriffenen Probleme und der vorgeschlagenen Massnahmen zu schärfen. Das Populismuspotential ist umso grösser, je leichter einerseits der Gebrauch der direkten Volksrechte ist oder, um die frühere Terminologie wieder aufzunehmen, je niedriger die Eintrittsbarrieren für diesen Teil des politischen Markts sind und je beschränkter anderseits die damit verbundene politische Debatte ist.

Direkte Volksrechte erleichtern, drittens, die Verwischung von Verantwortung. Grundsätzlich gilt immer, dass die Verantwortung für Entscheidungen umso mehr geteilt und damit verwischt ist, je mehr Entscheidungsträger beteiligt sind. Wenn das Volk in geheimer Abstimmung entschieden hat, ist niemand mehr verantwortlich. Nun könnte man einwenden, dass ja das Volk doch nur recht selten selbst entscheidet. Das trifft zwar zu, ändert die Sache aber nicht grundsätzlich. Die direkten Volksrechte bewirken nämlich, wie früher ausgeführt, dass Entscheidungen von den vorbereitenden Kommissionen über das Vernehmlassungsverfahren bis zur permanenten grossen Koalition im Parlament möglichst breit abgestützt werden, um den Appell an das Volk zu vermeiden. Und damit kommt es gleichwohl bei allen einigermassen bedeutenden Fragen zur Beteiligung aller relevanten Interessengruppen und Parteien und dementsprechend zu der erwähnten Verwischung von politischer Verantwortung und Haftung, ökonomisch gesprochen zur Externalisierung zu Lasten der allgemeinen Interessen mit den bekannten Anreiz und Effizienzfolgen.

Viertens haben die direkten Volksrechte in der Schweiz seit ihrer Einführung eine Tendenz, sich stetig auszudehnen, womit natürlich auch die drei vorgenannten Probleme zunehmen. Werden direkte Volksrechte eingeführt, so begibt man sich gewissermassen auf eine Einbahnstrasse. Wer sagt schon nein, wenn ihm zusätzliche Rechte in Aussicht gestellt werden und er selbst darüber entscheiden kann? Und wer wird sich selbst Rechte wegnehmen, die er bereits besitzt? Selbstbeschränkung ist sicherlich nicht unmöglich; aber sie erfordert mehr Weisheit und Konsequenz, als im Normalfall unterstellt werden kann. Hier liegt ein grundsätzliches Problem, das nach den in der Schweiz gemachten Erfahrungen bei der Einführung von direkten Volksrechten in anderen

Ländern sorgfältig beachtet und durch entsprechende institutionelle Vorkehrungen möglichst verhindert werden sollte.

Man kann es ökonomisch kurz und bündig sagen: Direkte Volksrechte haben Nutzen und Kosten, und für beide gilt vermutlich das Ertragsgesetz. In diesem Fall gäbe es ein Optimum der direkten Volksrechte, und dementsprechend wäre «je direkter desto besser» falsch. Es gibt tatsächlich ernst zu nehmende Anzeichen dafür, dass das Optimum der direkten Volksrechte in der Schweiz überschritten ist.

Der Bundesrat hatte dieses Problem im Auge, als er in seinem Reformpaket für die direkten Volksrechte[47] neben einigen wohlbegründeten sachlichen Modifikationen der direkten Volksrechte eine überaus massvolle Erhöhung der Unterschriftenzahlen, also der Markteintrittsbarrieren, vorschlug. Das Schicksal dieses Pakets ist bezeichnend. Die sachlichen Modifikationen, die letztlich auf eine Ausweitung der direkten Volksrechte hinauslaufen, wurden im allgemeinen begrüsst, aber vielfach als zu wenig weit gehend beurteilt. Die Erhöhung der Unterschriftenzahlen wurde rundweg abgelehnt. So steht zu erwarten, dass die vermutlich bereits zu weit gehenden direkten Volksrechte noch weiter ausgedehnt werden. In diese Richtung weisen auch Vorstösse, die auf eine Beschränkung der politischen Diskussion über Initiativen hinauslaufen.[48] Aus der Sicht des «Zitronenmarkts» bedeutet dies, dass der Stimmbürger das Produkt, das er mit seiner Stimme kauft, (noch) schlechter kennen würde als bisher. Entsprechend leichter würde es, ihm Schund anzudrehen und die Anbieter von Qualität zu verdrängen.[49]

---

47 Reform der Bundesverfassung, Verfassungsentwurf Ziffer 3 und Erläuterungen Ziffer 4, Bern 1995.

48 Vgl. insbesondere das «Volksbegehren für Volksabstimmungen über Volksinitiativen innert sechs Monaten unter Ausschluss von Bundesrat und Parlament» für das gegenwärtig (September 1999) die Unterschriftensammlung läuft. Eine ähnliche Initiative mit einer Frist von zwölf Monaten wurde 1997 von der Firma Denner eingereicht. Analoge Vorstösse gibt es in einzelnen Kantonen.

49 Die «Maulkorbinitiative» wurde durch gelegentliche bürokratische und/oder taktische Trölereien von Bundesrat und Parlament provoziert und hat insofern einen verständlichen Hintergrund. Im

Direkte Volksrechte müssen mit genügend hohen Eintrittsbarrieren (Unterschriftenzahlen) und genügend intensiver Produktinformation (Debatte vor der Abstimmung) versehen sein, wenn die Qualität auf dem politischen Markt gewahrt bleiben soll. Sie bedürfen ausserdem der Beschränkung durch die Gewaltentrennung, die man sich konkret durch Einschränkung des zulässigen Inhalts von Initiativen und ihre Überwachung durch ein Verfassungsgericht vorstellen kann.[50]

c) eine Fairnessnorm für die Verfassung

Die verfassungsgerichtliche Inhaltskontrolle der Verfassungsinitiative scheint einer staatstheoretischen Quadratur des Kreises gleichzukommen; aber sie ist machbar. Klar ist, dass die Kontrolle *nach* der Einreichung, aber *vor* der Abstimmung erfolgen muss und dass es bei einem negativen Ergebnis der Kontrolle nicht mehr zu einer Abstimmung kommen darf.

Es bleibt aber die Frage, nach welchen Kriterien die inhaltliche Kontrolle von Initiativen erfolgen soll. Wäre die Situation umgekehrt, wie sie tatsächlich ist, d.h. gäbe es nur die *Gesetzes*initiative, aber keine *Verfassungs*initiative, so wäre die Antwort zumindest formal klar: Es müsste die Verfassungskonformität der Gesetzesinitiativen überprüft werden. Verfassungsänderungen selbst wären dann dem Parlament vorbehalten (mit obligatorischem

---

Licht der Analogie zum «Zitronenmarkt» schiesst sie aber deutlich über das Ziel hinaus und macht die Initiative noch willkür- und populismusanfälliger, als sie es ohnehin schon ist. Einen bedenkenswerten Ausweg zeigen R. Eichenberger und G. Hosp, Optimierung der direkten Demokratie, Neue Zürcher Zeitung, Nr. 152, 5.7.1999. Es wäre zu wünschen, dass die dort lancierte Idee einer dringlichen Volksinitiative mit erhöhter Unterschriftenzahl ernsthaft diskutiert würde. Mir erscheinen allerdings die von Eichenberger und Hosp vorgeschlagenen Unterschriftenzahlen viel zu niedrig; vgl. dazu H. Kleinewefers, «Verwesentlichung» der Politik durch Einschränkung der direkten Volksrechte? Freiburg 1995.

50 Das Volk von diesen Empfehlungen zu überzeugen, ist möglicherweise nicht völlig utopisch, wenn es gelingt, den Gesamtzusammenhang mit den Themen «faire Interessenrepräsentation», «Staatsmachtbegrenzung» und «Gewaltentrennung» zu vermitteln. Nach dem Schweizer Arbeitsmarktsurvey 1998 der Institute für Soziologie und Politikwissenschaft der Universität Bern waren 31,1% (28,1%) der Befragten für einen Ausbau des Initiativrechts (Referendumsrechts), 31,3% (31,9%) waren indifferent, 32,4% (33,9%) waren dagegen, und 5,2% (6,1%) waren für einen Abbau.

Referendum). Damit wäre der Konflikt aber nur verlagert von der verfassungsgerichtlichen Überprüfung von Volksinitiativen zur verfassungsgerichtlichen Überprüfung von Parlamentsbeschlüssen. Ohne dass in der Sache viel gewonnen wäre, würde also das zentrale Argument für direkte Volksrechte bei seinem wichtigsten Anwendungsfall verletzt, dass es nämlich einen politischen Artikulations und Entscheidungsweg an Parlament und Parteien vorbei geben sollte.

Da scheint es schon besser, auch die Verfassungsinitiative beizubehalten und sich dem Problem der verfassungsgerichtlichen Kontrolle direkt zu stellen. So wie jede einzelne *gegebene* Verfassungsnorm seit eh und je im Rahmen der gesamten Rechtsordnung, also gewissermassen aus dem Geist der gesamten Verfassung heraus interpretiert wird, wobei es einen besonders geschützten Bereich von menschenrechtlichen, demokratischen und rechtsstaatlichen Grundnormen gibt, so muss auch die Verfassungsmässigkeit vorgeschlagener *neuer* Normen in diesem Sinn überprüft werden.

Nun wird allerdings das Staatsversagen in meiner Analyse in erster Linie auf die ungleiche Interessenrepräsentation zurückgeführt, die durch die direkten Volksrechte nicht nur nicht behoben, sondern möglicherweise noch gefördert wird. Diesem Problem wäre daher bei der verfassungsgerichtlichen Überprüfung von Volksinitiativen (und Parlamentsbeschlüssen) besondere Beachtung zu schenken. Dabei könnte eine Fairnessnorm zur inhaltlichen Lenkung des Verfassungsgerichts von Nutzen sein.

Eine solche Fairnessnorm kann man sich sinngemäss wie folgt vorstellen: «Die Macht und die Ressourcen des Staats dürfen nicht einseitig zu Gunsten und/oder zu Lasten bestimmter Gruppen der Bevölkerung eingesetzt bzw. beschafft werden.» Eine solche Norm würde die Umverteilung auf das menschenrechtlich Gebotene beschränken und damit eine hohe Hürde für die Interessengruppenpolitik zu Lasten der Allgemeinheit aufrichten. Sie erscheint auch notwendig, weil die Gleichheit vor dem Gesetz seit langem nur noch in einem rein formalen Sinn interpretiert wird, der keinen Schutz vor (negativer) fiskalischer und interventionistischer Diskriminierung und wenig Hemmung für (positive) Rentenaneignung in Form von fiskalischer und interventionistischer «Förderung» bietet. Es versteht sich von selbst, dass eine solche Fairnessnorm erst durch die konkrete verfassungsgerichtliche Anwendung ihr genaues Profil gewinnt. Mir scheint aber, dass die Interpretationsfreiheit des Gerichts hierdurch in der richtigen Richtung beschränkt und gelenkt würde.

d) Verfassungsgerichtsbarkeit

Das Thema ist nun schon mehrmals angesprochen worden: Die Schweiz muss sich auch auf Bundesebene endlich von der Idee der Volkssouveränität lösen und zur Gewaltentrennung übergehen. Dazu gehört eine unbeschränkte und unabhängige Verfassungsgerichtsbarkeit, was, wie zuvor gezeigt, zweckmässige Restriktionen bei den direkten Volksrechten impliziert. Die Frage betrifft also das Staatsverständnis und den institutionellen Aufbau der Eidgenossenschaft in grundsätzlicher Weise; eine substantielle Diskussion hierüber ist überfällig. Sie hat anlässlich der Totalrevision der Bundesverfassung im Zusammenhang mit dem Reformpaket für die Justiz nicht stattgefunden, weil der Bundesrat von vornherein mit Rücksicht auf die direkten Volksrechte nur eine beschränkte Verfassungsgerichtsbarkeit ins Auge gefasst hatte.[51] Auch diese beschränkte Verfassungsgerichtsbarkeit ist allerdings vom Parlament ziemlich ungnädig aus dem Reformpaket eliminiert worden. Parteien und Interessengruppen wissen sehr gut, dass ihre Macht durch eine unabhängige und unbeschränkte Verfassungsgerichtsbarkeit deutlich zurückgebunden würde. Die Frage ist daher trotz der Kürze, mit der sie hier ange-

51 Reform der Bundesverfassung, Verfassungsentwurf Ziffer 4 und Erläuterungen Ziffer 5, Bern 1995.

schnitten wird, von fundamentaler Bedeutung und muss endlich einmal ernsthaft mit dem Volk und nicht nur im Kreis der Interessenten und Spezialisten diskutiert werden.

e) Entpolitisierung des öffentlichen Dienstes, insbesondere der Justiz

Im Zeichen der permanenten grossen Koalition ist die Schweiz auf allen staatlichen Ebenen zu einem Land des durchgehenden Parteiproporzes nicht nur in den politischen Ämtern, sondern auch im gesamten öffentlichen Dienst einschliesslich der öffentlichen und sonstigen staatsnahen Betriebe geworden. Der Parteiproporz wird noch ergänzt durch den Geschlechter- und, vor allem auf Bundesebene, durch den Sprachenproporz. Dazu kommen von Fall zu Fall weitere Proporzkriterien. Nicht zuletzt stehen hinter den Parteien die Interessengruppen und nehmen massgeblichen Einfluss auf Personalfragen.

Es ist allgemein bekannt und wird, vor allem anlässlich von Bundesratswahlen, aber auch sonst, auch immer wieder beklagt, dass durch dieses mehrdimensionale, dichte Proporzsieb nicht die besten Kandidaten herausgefiltert werden bzw. dass die besten Kandidaten sich gar nicht erst für politische Ämter oder den öffentlichen Dienst interessieren. So ergibt sich auch in der Schweiz das folgende paradoxe Phänomen: Angesichts seiner Machtfülle und seines Lenkungsanspruchs müsste der Interventions- und Wohlfahrtsstaat über das am höchsten qualifizierte Personal verfügen. In Wirklichkeit ist aber parallel zur Ausdehnung des Staatsapparats dessen Qualität stetig gesunken. Nichts verdeutlicht besser die Kolonisierung des Staats durch Parteien und Interessengruppen zum eigenen Nutzen als die Stellenschaffung und der Stellenproporz zu Lasten der Qualität. Wenn sich der schweizerische Staatsapparat gleichwohl immer noch positiv von den Verhältnissen in vielen anderen Interventions- und Wohlfahrtsstaaten unterscheidet, dürfte dies vor allem mit dem sehr ausgeprägten Föderalismus zusammenhängen, mit dem nicht nur mehr politische Konkurrenz verbunden ist, sondern auch bessere, wenn auch durchaus noch ungenügende (siehe später) Kontrollmöglichkeiten der Bürger.

Zur Entpolitisierung des öffentlichen Dienstes gibt es verschiedene Möglichkeiten. Die Ursachentherapie ist natürlich die *Reduktion des Staatsapparats* durch Reduktion der staatlichen Aktivitäten im allgemeinen und durch Privatisierungen im besonderen. Der starke Widerstand der im öffentlichen Dienst Beschäftigten, aber eben auch der Parteien gegen derartige Vorschläge zeigt deutlich, dass das anvisierte Ziel damit erreicht werden könnte. Der Widerstand ist allerdings bisher stark genug gewesen, um eine effektive Reduktion des Staatsapparats, einschliesslich der öffentlichen und staatsnahen Betriebe, weitgehend zu verhindern. Wenig Aussicht auf Erfolg verspricht auch das neuerdings viel diskutierte *New Public Management.* Die Prognose kann gewagt werden, dass hieraus letztlich nur eine Machtverlagerung zu Gunsten der (politisch rekrutierten) Chefbeamten und zu Lasten der Parlamente einerseits und der unteren Verwaltungsebenen anderseits resultieren wird. Eine Entpolitisierung und Effizienzsteigerung ist kaum zu erwarten. Vorstellbar wären auch generelle *Unvereinbarkeitsregeln* von der Art, dass Beschäftigte des staatlichen Sektors keiner Partei angehören und sich nicht um politische Ämter bewerben, d.h. insbesondere nicht den Parlamenten angehören dürfen. Solche Unvereinbarkeitsregeln würden sowohl der Entpolitisierung des öffentlichen Dienstes als auch der Entbürokratisierung der Parlamente dienen. Der Preis dafür wäre die Vorenthaltung des passiven Wahlrechts und die Einschränkung des Rechts auf politische Betätigung für einen nicht unwesentlichen Teil der Bevölkerung. Diesen Preis ist man gegenwärtig offenkundig nicht bereit zu zahlen. Wo es noch Unvereinbarkeitsregeln (vor allem auf kantonaler Ebene) gab, sind sie in den letzten Jahrzehnten eher abgebaut worden, was den Parteien und Interessengruppen natürlich entgegenkommt.

Wenn auch generelle Unvereinbarkeitsregeln gegenwärtig utopisch erscheinen, so sollte doch wenigstens einmal über eine Entpolitisierung der Justiz ernsthaft diskutiert werden. Es dürfte in der Schweiz nicht viele Richter und Staatsanwälte geben, die keiner Partei angehören oder nahestehen. Schon zur Sicherung der eigenen Berufsaussichten dürfte es daher auch keinen Berufsstand geben, der derartig politisiert und zugleich so aktiv in der Politik engagiert ist wie die Juristen. Man kann sich ernsthaft fragen, ob dies der Unabhängigkeit, der Unparteilichkeit und dem Ansehen der Justiz wirklich förderlich ist. Die Frage ist im vorliegenden Zusammenhang systematisch von Bedeutung wegen der Empfehlung einer strikteren Gewaltentrennung im allgemeinen und der Einrichtung der Verfassungsgerichtsbarkeit und eines Rechnungshofs (siehe später) im besonderen.

f) Föderalismus

Ich vermute, dass der immer noch sehr ausgeprägte Föderalismus für die verbliebenen effektiven Besonderheiten und Vorteile des schweizerischen Staatswesens von wesentlich grösserer Bedeutung ist als die direkten Volksrechte, die normalerweise im Zentrum solcher Erörterungen stehen. Während Jahrzehnten war jedoch der schweizerische Föderalismus durch drei Tendenzen charakterisiert, die seine Substanz geschwächt haben.

Erstens haben die legislativen Kompetenzen des Bundes stark zugenommen. Zwar war der Fall selten, in dem de jure eine bisher exklusiv kantonale Kompetenz exklusiv auf den Bund verlagert wurde. Sehr häufig war hingegen die Erlaubnis an den Bund, bestimmte kantonale und lokale Aufgaben zu «fördern», d.h. zu subventionieren. Nach dem Prinzip «Wer zahlt, befiehlt» wurden damit vielfach de facto die Kompetenzen weitgehend auf den Bund verlagert.

Die Bundessubventionen haben, zweitens, die Kantone auch in Kernbereichen ihrer Kompetenz finanziell vom Bund abhängig gemacht und sind mit ein Grund dafür, dass es nie möglich war, die direkte Besteuerung exklusiv zurück auf die Kantone und Gemeinden zu verlagern.

Die Bundessubventionen haben, drittens, zwei Besonderheiten. Sie sind immer noch weit überwiegend zweckgebunden, und sie sind ebenfalls weit überwiegend nach der Finanzkraft der Empfänger gestaffelt. Diese beiden Merkmale implizieren unter anderem, dass die Abhängigkeit der finanzschwachen Kantone vom Bund besonders hoch und ihre Selbstverantwortung und Effizienz in der Ausgabenpolitik besonders niedrig ist. Die Anreize zur Selbsthilfe und Effizienz sind damit gerade dort am geringsten, wo sie am nötigsten wären.

Diese Probleme sind seit langem bekannt. An ihrer Milderung bzw. Beseitigung wird im Rahmen des «Projekts Neuer Finanzausgleich» sehr zielstrebig und in einer Richtung gearbeitet, die volle Unterstützung verdient, wenn man auch in manchen Fragen durchaus noch konsequenter hätte sein können. Die konkrete Umsetzung des Neuen Finanzausgleichs wird etwa dreissig Änderungen der neuen (!) Bundesverfassung und die entsprechende nachgelagerte Gesetzgebung erfordern. Es bleibt abzuwarten, in welcher Form das Projekt diese Prozedur übersteht und wie lange es anschliessend dauert, bis die neue Ordnung wieder durch den bequemen, weil im Einzelfall fast unmerklichen Griff in die ferne grosse Bundeskasse zu Gunsten aller möglichen Sonderinteressen überwuchert wird.

Unterdessen ziehen auch neue Gefahren für den Föderalismus auf. Standardargumente in der «technokratischen» Diskussion über einen rationalen Föderalismus sind das Spill-over-Argument und das Economies-of-scale-Argument. Nach dem Spill-over-Argument sollen die Grenzen der föderalistischen Einheiten möglichst so gezogen werden, dass es keine grenzüberschreitenden Externalitäten gibt. Das Economies-of-scale-Argument behauptet, dass mit grösseren Betriebseinheiten oft billiger produziert werden kann als mit kleinen, und empfiehlt, die föderalistischen Einheiten so gross zu wählen, dass die technische Effizienz der Betriebseinheiten maximiert wird. Beide Argumente unterstützen in der Praxis zumeist die Forderung nach grossen föderalistischen Einheiten, bzw. gemäss diesen beiden Argumenten sind die meisten oder fast alle Schweizer Kantone (und Städte) zu klein. Zusammenlegungen (und Eingemeindungen) wären angesagt, bzw. wo und solange dies politisch nicht möglich ist, werden Zweckverbände, Behördenkonferenzen und ähnliches gegründet, in denen die betreffenden Aktivitäten weitgehend ausserhalb der direkten Kontrolle durch die Bürger und die Parlamente betrieben werden.

Die technokratische Effizienzrechnung ist unvollständig. Sie vernachlässigt die Effizienzverluste, die dadurch entstehen, dass mit zunehmender Bürgerferne die Bürgerpräferenzen weniger gut bedient werden und leichter Ressourcen für die Zwecke der Interessengruppen, insbesondere der Verwaltung selbst, abgezweigt werden können. Diese Effizienzverluste dürften die zuvor genannten Effizienzvorteile grösserer Einheiten im allgemeinen deutlich übertreffen. Bessere Lösungen für die Spill-over- und Economies-of-scale-Problematik dürften in vielen Fällen die Privatisierung oder die Bildung von funktionalen föderalistischen Einheiten[52] sein. Es mag gleichwohl sein, dass hier oder dort tatsächlich zu kleine föderalistische Einheiten (Kantone, Gemeinden) bestehen. Die Lösung dieses Problems kann man jedoch getrost den Betroffenen überlassen. Es genügt, den Finanzausgleich nicht so weit zu treiben, dass allfällige Ineffizienzen darunter vollkommen zugedeckt werden.

52 Vgl. dazu R. Eichenberger, Zweckgemeinden statt Zweckverbände! in: B. Meier (Hrsg.): Der politische Raum. Zukunft Aargau. Beiträge zu Politik, Wirtschaft, Kultur und Gesellschaft 1, Baden 1998 (mit Nachweisen früherer Arbeiten von R. Eichenberger und B.S. Frey zu diesem zukunftweisenden Konzept).

Man kann das Leitbild des Föderalismus, wie es im wesentlichen auch dem «Projekt Neuer Finanzausgleich» zugrunde liegt, wie folgt zusammenfassen: Zwischen den föderalistischen Ebenen ist so weit wie möglich auf der Aufgaben- wie auf der Einnahmenseite das Trennsystem zu realisieren. Auf einen vertikalen Finanzausgleich ist so weit wie möglich zu verzichten. Der horizontale Finanzausgleich muss in einem engen Rahmen bleiben, damit die Selbstverantwortung und die Konkurrenz in bzw. unter den Kantonen und Gemeinden nicht erstickt werden. Der horizontale Finanzausgleich würde am besten von den föderalistischen Einheiten einer Ebene selbst gestaltet. Wird er gleichwohl als vertikaler Finanzausgleich mit horizontalem Effekt organisiert, so sind die vorgenannten Grenzen natürlich ebenfalls zu beachten. Ausserdem sind zweckgebundene Subventionen wegen ihrer bekannten negativen Effizienz und Anreizwirkungen möglichst zu vermeiden. Die Frage der Fusion von föderalistischen Einheiten ist diesen jeweils selbst zu überlassen. Bei genügend Konkurrenz werden sich effiziente Lösungen mit der Zeit von selbst ergeben. Statt vielfach wenig transparenter und nur sehr indirekt demokratisch legitimierter Kooperationsformen ist vermehrt auf Privatisierungen und, wo dies nicht möglich oder erwünscht ist, auf demokratisch legitimierte funktionale föderalistische Einheiten zu setzen.

g) Verhältniswahlrecht

Das Verhältniswahlrecht ist in der Schweiz wenig bestritten, zumal es in vielen Fällen durch die Möglichkeiten des Streichens, Kumulierens und Panaschierens nützliche Aspekte einer Persönlichkeitswahl enthält. Zu überlegen wäre allenfalls, ob nicht zumindest auf Bundesebene eine Mindestprozentklausel eingeführt werden sollte. Eine gewisse Konzentration in der Parteienlandschaft wäre vermutlich nützlich, weil sie die Opposition ausserhalb der permanenten grossen Koalition zum Zusammenschluss zwingen und damit stärken und möglicherweise sogar die grosse Koalition selbst einmal beseitigen würde.

h) Verantwortung im Staat

Ein grundlegender Mangel im gesamten politischen und staatlichen Sektor ist das weitgehende Fehlen von individueller persönlicher Verantwortung und Haftung.

Der Lehns- oder Dienstmann eines mittelalterlichen Monarchen und der Beamte eines absoluten Herrschers waren ihrem Souverän gegenüber persönlich dafür verantwortlich, die «Dienstvorschriften» einzuhalten, seine konkreten Aufträge durchzuführen und die verbleibenden Handlungsspielräume im seinem besten Interesse zu nutzen. Die persönlichen Sanktionen bei Pflichtverletzung waren hart. Natürlich gab es damals schon das Principal-Agent-Problem.[53] Aber es war zumindest klar, wer der Prinzipal war. Dieser Prinzipal kontrollierte seine Agenten im eigenen Interesse. Und die Verhältnisse waren im allgemeinen noch nicht so komplex, dass sich der ertappte Agent ohne weiteres mit exogenen Einflüssen herausreden konnte.

In allen diesen Punkten ist das Principal-Agent-Problem im heutigen politischen und staatlichen Sektor bedeutend schlechter strukturiert. Wenn wir, wie es in der Schweiz üblich ist, das Volk als den «Souverän» betrachten, dann kann man wohl sagen, dass er recht konturenlos ist. Kontrollaktivitäten einzelner Bürger wären teuer, ihre Erträge fielen als öffentliche Güter an, und die Komplexität der Verhältnisse verschafft den Agenten fast beliebig viele Möglichkeiten, sich plausibel zu exkulpieren. Das Problem wird dadurch noch enorm verschärft, dass der Staatsanteil am Sozialprodukt und die übrigen regulierenden Eingriffe des Staats in den letzten hundert Jahren so unerhört zugenommen haben. Überspitzt könnte man sagen, dass sich die tatsächliche Verantwortlichkeit des Staatsapparats insgesamt umgekehrt entwickelt hat wie seine effektive Macht. Das Gegenteil wäre rich-

53 Vgl. dazu z.B. K.J. Arrow, The Economics of Agency, in: J.W. Pratt and R.J. Zeckhauser (eds.), Principals and Agents: The Structure of Business, Boston 1985.

tig: Wer in so hohem Mass in die Entscheidungssphäre der Bürger eingreift und ihnen mit seiner Zwangsgewalt einen so grossen Teil ihrer Mittel wegnimmt wie der Interventions und Wohlfahrtsstaat, sollte ständig unter intensivster, unabhängiger und sanktionsbewehrter Kontrolle stehen.

Dagegen wird oft eingewendet, der Staatsapparat stünde unter der permanenten Kontrolle der politischen Konkurrenz, der Medien und insbesondere in den Gemeinden, die immerhin etwa 30% der öffentlichen Finanzen verwalten, auch der Bürger. Dem ist jedoch entgegenzuhalten, dass die permanente grosse Koalition bis weit in die Verwaltung und Justiz aller staatlichen Ebenen hinein die politische Konkurrenz erheblich abschwächt, zumal es ein gemeinsames Interesse aller regierungsfähigen Parteien daran gibt, sich der Kontrolle und Verantwortung zu entziehen. Aus diesem Grund ist auch die formelle Kontrolle durch die Geschäfts und Rechnungsprüfungskommissionen und gelegentliche spezielle Untersuchungskommissionen der Parlamente, in denen die grosse Koalition natürlich ebenfalls spielt, völlig unzureichend. Entsprechend sind die Fälle äusserst selten, in denen Politiker, Justizpersonen oder (höhere) Beamte persönlich für Versagen und Ineffizienz zur Rechenschaft gezogen werden. Die Kontrolle durch die Medien ist am Unterhaltungswert grosser Skandale orientiert und daher sehr punktuell. Sie erfasst bestenfalls die Spitze des Eisbergs staatlicher Ineffizienz und staatlichen Versagens und zumeist nicht auf Grund eigener Recherchen, sondern erst dann, wenn sie ohnehin bereits aufgeflogen sind. Und die direkte Kontrolle durch die Bürger ist auf Bundes und Kantonsebene ohnehin, jedoch in Wahrheit auch mindestens in den mittleren und grösseren Gemeinden mehr Mythos als Realität.

Die effektive persönliche und nicht nur die zumeist rein deklamatorische «politische» Verantwortung und Haftung von Politikern und Funktionären ist ein offenes und – aus naheliegenden

Gründen – weitgehend tabuisiertes Thema.[54] Beiträge zu seiner Lösung können möglicherweise drei Vorschläge leisten: Privatisierung, New Public Management, Rechnungshöfe.

Im Fall der Privatisierung ist die Intensivierung der externen Kontrolle durch die Märkte und der – u.a. dadurch geförderten – internen Kontrolle evident, wenn sie auch durchaus nicht perfekt ist. Aber diese Unvollkommenheit ist, anders als im staatlichen Sektor, seit eh und je ein zentrales Thema betriebs und volkswirtschaftlicher Erörterungen, praktischer Vorschläge und konkreter Bemühungen. Dass gegen Privatisierungen oft eingewendet wird, private Unternehmungen seien letztlich nur ihren Eigentümern, staatliche Betriebe und Verwaltungen hingegen der Allgemeinheit verantwortlich, wird zur reinen Schutzbehauptung, wenn die Allgemeinheit in Wahrheit niemand ist, hinter dem sich das Kartell der permanenten grossen Koalition und der von ihr jeweils bedienten Sonderinteressen verbirgt.

Das New Public Management[55] kann nach allem, was wir bisher wissen, zu einer intensiveren Kontrolle der unteren Stufen der Verwaltung durch die Chefbeamten führen. Gleichzeitig nehmen aber die Kontrollmöglichkeiten des Parlaments und der Regierung ab, da sie nur noch – vielfach durch die Verwaltung massgeblich (mit)inspirierte – Leistungsaufträge erteilen. Wo die Erfüllung dieser Aufträge mit Hilfe klarer Indikatoren leicht kontrolliert werden kann, wäre an Stelle des New Public Management auch die Privatisierung oder zumindest die unbeschränkte Zulassung von Wettbewerb durch private Anbieter möglich; und man fragt sich dann, warum sie nicht stattfindet. Wo es hingegen

---

54 Man vergleiche hierzu die überaus charakteristische Kontroverse zwischen R. Rhinow und mir in den Schweizer Monatsheften: R. Rhinow, Verantwortung in der Demokratie, 1993 (11), H. Kleinewefers, Verantwortung in der Demokratie? 1993 (12) und R. Rhinow, Nochmals: Verantwortung in der Demokratie? 1994 (1).

55 Vgl. z.B. P. Hablützel et al. (Hrsg.), Umbruch in Politik und Verwaltung, Bern 1995. K. Schedler, Ansätze einer wirkungsorientierten Verwaltungsführung, 2. Aufl., Bern 1996. Ph. Mastronardi, K. Schedler, New Public Management in Staat und Recht, Bern 1998.

solche klaren Indikatoren nicht gibt, ist die Leistung der Verwaltung und besonders der Chefbeamten durch New Public Management nicht besser, sondern eher schlechter kontrollierbar als unter der traditionellen detaillierten Budgetkontrolle. Allein die Tatsache, dass das New Public Management von Chefbeamten begeistert begrüsst, Privatisierung und externer Wettbewerb hingegen vehement abgelehnt werden, sollte zu denken geben. Das New Public Management wird mit hoher Wahrscheinlichkeit nicht den Zuwachs an Effizienz und die Reduktion von Staatsversagen bringen, den sich gegenwärtig viele davon versprechen.

Ob mit oder ohne New Public Management – die Schweiz sollte einen permanenten und professionellen Rechnungshof mit richterlicher (und parteipolitischer; siehe vorher) Unabhängigkeit und Sanktionsgewalt haben.[56] Vermutlich würde angesichts der Kleinheit des Landes ein einziger Rechnungshof für alle staatlichen Ebenen genügen, was auch die Unabhängigkeit zumindest gegenüber den Kantonen und Gemeinden verstärken würde. Das Analysefeld des Rechnungshofs wären nicht nur die Verwaltungen, sondern auch die politischen Beschlüsse selbst, während direkte Sanktionen nur gegenüber der Verwaltung denkbar sind. Hilfreich wäre die Ermöglichung von Anzeigen bzw. Klagen der Bürger beim Rechnungshof gegen Ineffizienz und Staatsversagen. Darüber hinaus ist zu überlegen, wie der Rechtsschutz von durch Verwaltungsakte unmittelbar geschädigten Bürgern verbessert und die staatliche Haftung, aber auch die persönliche Haftung der beteiligten Beamten verschärft werden kann.

Ich habe den Eindruck, dass es in den dreiunddreissig Jahren, während ich den schweizerischen staatlichen Sektor beobachte, noch nie so viele gravierende Fälle von Staatsversagen, Ineffizienz, Korruption und Willkür gegeben hat wie in letzter Zeit.

56 Vgl. dazu auch P. Brügger, Ein schweizerischer Rechnungshof? Neue Zürcher Zeitung, Nr. 11, 15.1.1997. Die Hoffnung Brüggers, dass im Rahmen der Totalrevision der Bundesverfassung auch hierüber diskutiert werde, hat sich (natürlich) nicht erfüllt.

Angesichts der enormen Ausdehnung des Staatssektors in diesen drei Jahrzehnten würde man auch nichts anderes erwarten. Umso wichtiger ist es, das Thema Verantwortung – auch gegen den Widerstand der interessierten Politiker und Bürokraten – ernst zu nehmen, nach Lösungen zu suchen und diese auch auszuprobieren, wohl wissend, dass es sich hier wie bei allen Neuerungen um einen Prozess von Versuchen und Irrtümern handelt, der nicht unmittelbar zu perfekten Ergebnissen führen wird.

5 Zusammenfassung

Damit die zahllosen richtigen und notwendigen Verbesserungsvorschläge für die *laufende Politik* von dem politischen System der Schweiz rechtzeitig und nicht erst unter äusserem Druck und akuter Ressourcenknappheit aufgenommen werden, sind institutionelle Reformen, insbesondere der politischen *Entscheidungsstrukturen,* notwendig, die die Verzerrung der Interessenrepräsentation reduzieren und zugleich die populistische Ausuferung der Politik verhindern.

Die Reformdiskussion bedarf eines permanenten Animators in Form eines gänzlich, insbesondere aber vom staatlichen und politischen Sektor, unabhängigen «think tank», der die Debatte kompetent, systematisch, kontrovers und hartnäckig in Gang hält und weiterbringt.

Unter den zahllosen Ideen, die in der wissenschaftlichen und politischen Diskussion über die Demokratiereform schon vorgebracht worden sind, scheinen mir für die gegenwärtige Situation der Schweiz die folgenden besonders interessant und zielführend zu sein, die letztlich alle in irgendeiner Form die Einschränkung der Staatsmacht und/oder die Gewaltentrennung fördern und damit unter anderem die Aufgabe des durch Sonderinderessen so leicht zu missbrauchenden Dogmas der Volkssouveränität erfordern:

- Stärkung der Privatautonomie durch Stärkung der bürgerlichen Freiheitsrechte, insbesondere Einführung eines die Belastung mit Zwangsabgaben begrenzenden individuellen Grundrechts auf den Ertrag der eigenen Arbeit und des eigenen Vermögens in die Verfassung
- Einführung einer Fairnessnorm in die Verfassung
- Begrenzung der direkten Volksrechte durch substantielle Erhöhung der Unterschriftenzahlen und Inhaltskontrolle durch ein Verfassungsgericht
- im übrigen Modifikation der direkten Volksrechte, entsprechend dem im Zusammenhang mit der Totalrevision der Bundesverfassung vorgelegten Reformpaket für die direkten Volksrechte
- Einführung von Mindestprozentklauseln im Verhältniswahlrecht zumindest auf Bundesebene
- Einführung der unbeschränkten Verfassungsgerichtsbarkeit; zumindest jedoch Realisierung des im Zusammenhang mit der Totalrevision der Bundesverfassung vorgelegten Reformpakets für die Justiz
- Entpolitisierung der Justiz
- Einführung eines professionellen Rechnungshofs mit richterlicher Unabhängigkeit und Sanktionsgewalt und Zuständigkeit für alle staatlichen Ebenen und Einrichtungen. Anzeige und Klagemöglichkeiten der Bürger
- Verbesserung der Rechtsstellung der Bürger gegenüber der Verwaltung, Verschärfung der Staatshaftung und der persönlichen Haftung der verantwortlichen Beamten
- Föderalismusreform in der Richtung und mindestens in dem Ausmass des «Projekts Neuer Finanzausgleich»
- explizite Ermöglichung des funktionalen Föderalismus

6 Ist eine Selbstreform der Demokratie möglich?

Die Geschichte der modernen Demokratie weist viele, zum Teil jahrzehntelange Fehlentwicklungen auf; sie ist aber auch eine Geschichte der Korrekturen solcher Fehler und der erfolgreichen Anpassung an neue Entwicklungen. Kein anderes politisches System hat die technischen, ökonomischen, gesellschaftlichen und kulturellen Umwälzungen der letzten zweihundert Jahre seit der industriellen Revolution besser verarbeitet. Der vorläufig letzte und lange Zeit gefährlichste Konkurrent, die kommunistischen Diktaturen, wurde erst kürzlich letztendlich gerade dadurch aus dem Feld geschlagen, dass Demokratie und Marktwirtschaft so viel flexibler und kreativer mit Veränderungen umgehen. Grundsätzlich kann man die Geschichte der Demokratie bei aller Kritik im Detail als Erfolgsgeschichte betrachten.[57] A priori ist also zu Demokratiepessimismus kein Anlass. Bessere Alternativen sind weit und breit nicht zu erkennen.

Gemäss diesen Überlegungen sind Demokratien vermutlich umso erfolgreicher, je flexibler und kreativer sie auf Veränderungen reagieren.[58] Das schweizerische System ist nun allerdings als äusserst konsensorientiert und langsam bekannt. Dies war ein geringer Nachteil, solange nur wenige grosse Interessengruppen in den Konsens einbezogen werden mussten, die sich auf Grund ihrer Grösse auch ihrer Verantwortung für das Ganze nicht entziehen konnten, und solange sich die Entwicklung langsam vollzog. Da mag es der Schweiz tatsächlich zuweilen gelungen sein, bedächtig aus den Fehlern anderer zu lernen und deswegen eine bessere Politik zu treiben, wie es das immer noch zu hörende Lob

---

57 Ich habe dies näher begründet in H. Kleinewefers, Hayek und die Demokratiereform, Freiburg 1999.

58 Ich habe an anderer Stelle gezeigt, dass Lernfähigkeit die Stabilitätsbedingung für die Demokratie ist. Vgl. H. Kleinewefers, Skizze eines dynamischen Modells der Wählerzufriedenheit und der Stabilität parlamentarischer Demokratien, Jahrbuch für Sozialwissenschaft, Bd. 43, 1992.

der schweizerischen Langsamkeit behauptet.[59] Diese Zeiten sind allerdings vorbei. Die Interessen haben sich auch in der Schweiz ausserordentlich pluralisiert und damit die Verantwortlichkeit für das Ganze mehr oder weniger verloren. Einen auch mit dem Blick auf das Ganze vertretbaren Kompromiss zu erzielen, wird immer schwieriger; aber die gegebenen politischen Entscheidungsstrukturen funktionieren nicht ohne diesen Kompromiss. Gleichzeitig haben sich die exogenen Entwicklungen immer mehr beschleunigt. Die Funktionsbedingungen für die schweizerische Variante der Demokratie haben sich verschlechtert und dementsprechend sind seit längerem die Ergebnisse.

Da wir die Funktionsbedingungen nicht ändern können, müssen wir über sinnvolle Änderungen unserer politischen Entscheidungsstrukturen nachdenken. Die Bereitschaft dazu ist gegenwärtig noch nicht gross. Unter dem Druck schlechter Ergebnisse wird sich das wohl ändern. In Zeiten der Globalisierung stehen auch Institutionen auf dem Prüfstand der internationalen Konkurrenz.

59 Vgl. R. Eichenberger, Mit direkter Demokratie zu besserer Wirtschafts und Finanzpolitik: Theorie und Empirie, in: H.H. von Arnim (Hrsg.), Adäquate Institutionen: Voraussetzung für «gute» und bürgernahe Politik? Berlin 1999.

ANHANG: DOKUMENTATION

1 Wachstumsraten: Schweiz, OECD

Durchschnittliche Wachstumsraten des realen Bruttoinlandsprodukts pro Kopf (in %)
(zu Preisen und Wechselkursen von 1990)

	1960–70	1970–80	1980–90	1990–97
Kanada	3.24	2.77	1.55	0.52
USA	2.53	1.74	1.66	1.61
Japan	9.29	3.23	3.42	1.40
Australien	3.16	1.97	1.65	1.81
Neuseeland	1.74	1.04	1.06	1.24
Österreich	4.11	3.51	2.07	1.37
Belgien	4.32	3.15	1.75	1.22
Dänemark	3.71	1.84	1.94	2.29
Finnland	4.40	3.06	2.68	0.51
Frankreich	4.46	2.59	1.66	0.82
Deutschland	3.74	2.64	2.05	1.12
Griechenland	7.04	3.75	1.08	1.22
Irland	3.78	3.26	3.31	6.42
Italien	4.97	3.10	2.18	0.91
Niederlande	3.74	2.08	1.62	1.84
Norwegen	3.37	4.20	2.02	3.34
Portugal	6.25	3.56	3.03	2.16
Spanien	6.31	2.58	2.55	2.17
Schweden	3.88	1.62	1.70	0.31
Schweiz	**3.10**	**1.06**	**1.42**	**–0.45**
Grossbritannien	2.22	1.85	2.41	1.38
OECD-Total[1]	**3.83**	**2.18**	**1.91**	**1.22**
OECD-Europa[2]	**3.86**	**2.33**	**1.85**	**1.07**

1 Ohne Korea, Tschech. Republik, Ungarn und Polen
2 Ohne Tschech. Republik, Ungarn und Polen

Quelle: National Accounts, Volume 1, OECD, 1999

2 Staats und Fiskalquoten: Schweiz, OECD

General Government Total Outlays
As a percentage of nominal GDP

	1970	1975	1980	1985	1990	1995	1997	1999	2000
Australia	–	31,4	31,4	36,5	34,8	36,2	35,0	33,6	33,3
Austria	37,6	44,3	47,1	50,4	48,6	52,5	49,8	49,4	49,2
Belgium	41,5	50,8	57,0	60,7	53,6	53,6	51,7	50,5	49,9
Canada	34,1	39,2	39,6	46,0	46,7	46,5	42,6	41,8	41,2
Denmark	–	47,1	55,0	58,0	56,0	58,8	56,4	53,8	52,5
Finland	30,0	37,6	38,1	43,8	45,4	57,9	54,1	49,0	48,6
France	38,5	43,4	46,1	52,1	49,8	54,3	54,2	53,9	53,5
Germany	38,3	48,4	47,9	47,0	45,1	49,8	47,9	46,9	46,3
Greece	–	27,9	30,4	42,9	48,2	48,3	42,9	41,7	41,1
Ireland	–	–	48,2	51,0	39,0	37,6	34,7	32,8	32,1
Italy	32,8	41,1	41,9	50,9	53,6	52,7	50,6	49,4	48,8
Japan	19,0	26,8	32,0	31,6	31,3	35,6	35,2	38,4	39,1
Netherlands	41,3	50,2	55,8	57,1	54,1	51,3	48,7	47,5	47,3
New Zeeland	–	–	–	–	48,8	38,8	38,5	41,4	40,4
Norway	34,9	39,8	43,9	41,5	49,7	47,6	44,3	47,2	47,5
Portugal	19,5	28,0	23,2	40,2	40,6	44,6	43,9	43,7	44,1
Spain	21,6	24,4	32,2	40,2	42,5	45,5	42,2	40,8	40,3
Sweden	42,8	48,4	60,1	63,3	59,1	65,6	62,3	59,6	58,1
Switzerland	–	–	–	–	**41,0**	**47,5**	**48,8**	**49,2**	**49,3**
United Kingdom	37,2	44,8	43,4	44,4	41,8	44,4	41,0	40,3	40,6
United States	30,0	32,8	31,4	32,9	32,8	32,8	31,6	31,2	31,1

Source: Analytical Databank, OECD

1999, 2000: Estimates and projections.
Source: Economic Outlook no 64. December 1998, OECD

Rangzahl der Schweiz unter den betrachteten 21 Ländern:
1990: 17 1995: 14 1997: 8 1999: 7 2000: 5

Abstand der Schweiz zum Land mit der höchsten Staatsquote:
1990: –17,3 1995: –18,1 1997: –13,5 1999: –10,4 2000: –8.8

Abstand der Schweiz zum Land mit der niedrigsten Staatsquote:
1990: +9,7 1995: +14,7 1997: +17,2 1999: +18,0 2000: +18,2

Total Tax Revenue
As a percentage of nominal GDP

	1970	1975	1980	1985	1990	1995	1996
Australia	24,2	27,6	28,4	30,0	30,6	30,4	31,1
Austria	34,9	37,7	40,3	42,4	41,0	42,3	44,0
Belgium	35,7	41,6	43,7	46,9	44,0	46,0	46,0
Canada	31,2	33,1	32,0	33,1	36,0	36,0	36,8
Denmark	40,4	41,4	45,5	49,0	48,7	51,4	52,2
Finland	32,5	37,7	36,9	40,8	45,4	46,1	48,2
France	35,1	36,9	41,7	44,5	43,7	44,5	45,7
Germany	32,9	36,0	38,2	38,1	36,7	39,2	38,1
Greece	25,3	25,5	29,4	35,1	37,1	40,8	40,6
Ireland	29,9	30,2	32,6	36,4	34,8	33,8	33,7
Italy	26,1	26,2	30,4	34,5	39,2	41,3	43,2
Japan	19,7	20,9	25,4	27,6	31,3	28,5	28,4
Netherlands	37,1	43,0	45,2	44,1	44,6	43,8	43,3
New Zeeland	27,4	31,1	33,0	33,6	38,0	37,9	35,8
Norway	34,9	39,9	42,7	43,3	41,8	41,5	41,1
Portugal	20,1	21,6	25,1	27,6	30,9	34,9	34,9
Spain	16,9	19,5	23,9	28,5	34,2	34,0	33,7
Sweden	39,8	43,4	48,8	50,0	55,6	49,5	52,0
Switzerland	**22,5**	**28,0**	**29,1**	**30,8**	**30,9**	**33,5**	**34,7**
United Kingdom	37,0	35,4	35,1	37,5	36,5	35,6	36,0
United States	27,4	26,7	26,9	26,0	26,7	27,9	28,5

Source: Analytical Databank, OECD

Anmerkung:
Der besonders im Fall der Schweiz beträchtliche Unterschied zwischen der Staatsquote und der Fiskalquote beruht vor allem auf der Definition des Staatssektors. Während in der Staatsquote (gemäss nationaler Buchhaltung) der gesamte Bereich der staatlichen Zwangsgewalt erfasst wird, inklusive Kranken und Pensionskassen, Gebühren und Beiträgen und Vermögenserträgen, sind in der Fiskalquote (gemäss Finanzstatistik) nur die Zwangsabgaben des hoheitlichen Sektors (Staat und parafiskalische Sozialversicherungen) enthalten. Für die vorliegende Untersuchung ist die Staatsquote aussagekräftiger.

Belastung des primären Einkommens der Haushalte mit Zwangsabgaben aller Art (Schweiz)

	1950	1970	1990	1996
Anteil der direkten Steuern am primären Einkommen der Haushalte (%)	10,8	12,9	16,1	16,7
Anteil der indirekten Steuern am primären Einkommen der Haushalte (%)	8,6	9,3	8,9	9,6
Steuerquote (%), total	**19,4**	**22,2**	**25,0**	**26,3**
Anteil der Sozialabgaben am primären Einkommen der Haushalte (%)	10,1	13,2	20,3	27,2
Gesamtabgabenquote (%)	**29,4**	**35,4**	**45,3**	**53,5**

Quellen: 1950, 1970, 1990: Langfristige Reihen der Nationalen Buchhaltung der Schweiz 1948–1991. Bundesamt für Statistik, Bern 1992. 1996: Volkswirtschaftliche Gesamtrechnungen. Resultate 1991–1996. Bundesamt für Statistik, Bern 1998

Anmerkung:
Bei den Sozialabgaben wurde die Summe der Arbeitgeber und Arbeitnehmeranteile ausgewiesen. Den Prämien der Kranken und Pensionskassen stehen vollumfänglich, denjenigen der AHV/IV und der Arbeitslosenversicherung zumindest teilweise individuelle Gegenleistungen bzw. Ansprüche gegenüber. Insgesamt dürften im Durchschnitt etwa zwei Drittel der Sozialabgaben zu äquivalenten individuellen Gegenleistungen bzw. Ansprüchen führen.

3 Staatsverschuldung: Schweiz, OECD

General Government Gross Public Debt
As a percentage of nominal GDP

	1970	1975	1980	1985	1990	1995	1997	1999	2000
Australia	–	–	–	–	23,5	45,3	40,9	32,3	29,3
Austria	18,9	23,4	36,6	49,8	57,9	69,2	64,3	63,9	63,5
Belgium	64,0	58,4	77,1	120,1	125,7	130,8	121,8	114,5	111,6
Canada	52,1	42,7	43,3	63,1	71,5	97,6	93,9	85,4	80,3
Denmark		43,7	74,9	65,8	73,6	64,0	55,5	51,0	
Finland	12,0	6,9	11,8	16,5	14,5	58,1	55,1	50,2	49,1
France			30,9	38,6	40,2	60,1	65,3	67,2	67,2
Germany	18,1	23,8	31,1	42,8	43,2	60,5	63,6	62,2	61,7
Greece	17,6	18,5	22,9	47,8	90,1	110,1	109,5	106,9	104,7
Ireland	–	62,4	72,7	104,6	97,2	84,3	66,9	48,8	41,7
Italy	38,1	57,6	58,1	82,3	104,5	124,2	121,7	117,5	115,2
Japan	10,9	20,7	49,6	65,3	61,4	76,0	87,4	108,5	117,9
Netherlands	51,5	41,8	46,9	71,5	78,8	78,6	70,9	65,8	64,8
New Zeeland	–	–	–	–	–	–	–	–	–
Norway	41,8	39,8	43,4	34,6	32,4	41,1	35,7	38,0	36,8
Portugal	18,7	22,6	32,2	57,0	65,3	65,9	61,6	56,3	54,8
Spain			20,8	50,8	50,6	71,4	74,0	71,8	70,6
Sweden	30,5	29,5	44,3	66,7	44,3	79,8	76,8	70,5	65,6
Switzerland		**40,1**	**43,5**	**42,8**	**38,4**	**30,9**	**46,9**	**51,5**	**54,7**
United Kingdom	78,0	62,1	54,5	59,4	39,1	59,0	59,1	56,2	55,6
United States	41,5	39,9	37,0	49,5	55,3	62,2	59,1	57,2	55,9

Source: Analytical Databank, OECD

1999, 2000: Estimates and projections.
Source: Economic Outlook no 64, December 1998, OECD

Quelle für die Schweiz: Eidg. Finanzdepartement, Bern 1999

4 Politikzufriedenheit: Schweiz

Evolution de la confiance dans les acteurs et institutions politiques, 1989–1996 (en %)

Institutions et acteurs	1989	Rang	1996	Rang	Différence	N 1989/1996
Assemblée fédérale (Parlement)	76	4	44	6	–32***	1301/1146
Conseil fédéral (Gouvernement	81	1	52	3	–29***	1320/1168
administration	72	5	46	5	–26***	1334/1138
églises	65	7	39	10	–26***	1350/1154
presse	45	13	22	13	–23***	1333/1192
armée	68	6	50	4	–18***	1337/1163
CEE/Union Européenne	60	8	43	8	–17***	1157/1100
télévision	48	12	31	12	–17***	1322/1178
syndicats	53	10	38	11	–15***	1174/1065
Nations Unies	58	9	43	7	–15***	1195/1098
grandes entreprises	52	11	40	9	–12***	1292/1124
police	80	2	69	1	–11***	1338/1178
justice/lois	76	3	66	2	–10***	1329/1330
Moyenne des institutions comparables	64		45		–19	
autorités cantonales	82					1329
autorités communales	83					1334
enseignement cantonal	82					1275
banques	62					1312
partis politiques		27				1129
mouvements des femmes		39				1108
verts, mouvements écologistes		44				1130

Note: *** Sig. à 99% (two-tailed independant samples t-test)

Exemple de lecture: En 1989, 81% des répondants disent avoir confiance dans le gouvernement. En 1996 cette proportion n'est plus qu'à 52%, ce qui correspond à une baisse de 29%.

Source: M. Brunner, L. Sgier, Crise de confiance dans les institutions politiques suisses? Quelques résultats d'une enquête d'opinion, Swiss Political Science Review, vol. 3, 1997.

Wahlbeteiligung bei den Nationalratswahlen in % der Wahlberechtigten

1947	72,4	1967	65,7	1987	46,5
1951	71,2	1971	56,9	1991	46,0
1955	70,1	1975	52,4	1995	42,2
1959	68,5	1979	48,0	1999	
1963	66,1	1983	48,9		

Regierungsvertrauen/misstrauen (1977–1994)

Angaben in % Stimm- und Wahlberechtigter

Haltung zur Regierung	77	78	79	80	81	82	83	84	85	86	87	88	89	90	91	92	93	94
Indikator GfS																		
Vearauen	58	56	58	57	51	44	45	43	44	39	48	54	43	44	39	38	38	38
weder/noch	06	08	09	11	19	22	22	19	21	23	20	17	24	16	18	16	20	17
Misstrauen	36	36	33	32	30	34	33	38	35	38	32	29	33	40	43	46	42	45
Indikator DemoSCOPE																		
absolutes Vertrauen	–	–	16	16	15	14	12	10	11	11	10	11	11	10	–	04	04	–
ziemliches Vertrauen	–	–	45	48	49	47	45	46	41	41	45	49	41	43	–	34	33	–
einiges Vertrauen	–	–	26	22	24	25	24	26	27	29	26	26	26	30	–	34	32	–
wenig/kein Vertrauen	–	–	11	11	10	11	15	14	17	15	15	11	17	13	–	24	27	–
keine Angaben	–	–	02	03	02	03	04	04	04	04	04	03	05	04	–	04	04	–

Frageform GJS:
«Welche der folgenden Meinungen entspricht Ihrer eigenen Meinung am ehesten?» (…)
A: «Ich kann mich meistens auf die Regierung im Bundeshaus verlassen. Sie handelt nach dem besten Wissen und Gewissen, zum Wohle aller.»
B: «Im Bundeshaus wird immer mehr gegen und immer weniger für das Volk entschieden. Die Regierung kennt unsere Sorgen und Wünsche nicht mehr.»

Frageform DemoSCOPE:
«In einem Land wie der Schweiz gibt es ja viele verschiedene Institutionen. Bitte sagen Sie mir, ob Sie zu den folgenden Institutionen Vertrauen haben oder nicht: (…) der Bundesrat.»

Bemerkung:
Die Übereinstimmung im Bereich des Vertrauens ist relativ gross, wenn bei der DemoSCOPE-Variante die beiden ersten Antwortkategorien als «Vertrauen» zusammengefasst werden. Im Misstrauensbereich ergeben sich dagegen deutlichere Unterschiede, die wir in erster Linie darauf zurückführen, dass dieses in der GfS-Variante explizit erhoben wird, während in der DemoSCOPE-Fassung nur implizit angesprochen wird.

Quellen:
VOX-Datenbank/Einstellungsbarometer
GfS-Forschungsinstitut, Unterstützung von Bundesrat und Verwaltung, Bern 1994

Vertrauen in BeamtInnen/Verwaltung (1979 – 1993)

Angaben in % Stimm- und Wahlberechtigter

Haltung zu BeamtInnen / zur Verwaltung	**79**	**80**	**81**	**82**	**83**	**84**	**85**	**86**	**87**	**88**	**89**	**90**	**91**	**92**	**93**
Indikator DemoSCOPE («Beamte»)															
absolutes Vertrauen	06	06	06	07	08	06	06	07	06	04	07	06	–	04	03
ziemliches Vertrauen	31	29	33	31	29	29	29	29	32	34	29	31	–	27	24
einiges Vertrauen	34	34	33	31	32	34	35	32	35	33	33	34	–	36	35
wenig/kein Vertrauen	26	27	25	26	26	27	25	26	22	23	27	24	–	27	34
keine Angaben	03	04	03	05	05	04	05	06	05	06	04	05	–	06	A
Indikator GfS («Verwaltung»)															
Vertrauen	–	–	–	–	–	–	–	–	–	–	44	–	32	34	–
weder/noch	–	–	–	–	–	–	–	–	–	–	30	–	31	38	–
Misstrauen	–	–	–	–	–	–	–	–	–	–	26	–	37	28	–

Frageform DemoSCOPE:
«In einem Land wie der Schweiz gibt es ja viele verschiedene Institutionen. Bitte sagen Sie rnir, ob Sie zu den folgenden Institutionen Vertrauen haben oder nicht: (...) die Beamten.»

Frageform GfS:
«In der Schweiz gibt es verschiedene Institutionen wie Parlament, Regierung und Gerichte. Sagen Sie mir bitte anhand dieser Skala, wie gross Ihr persönliches Vertrauen in diese Institutionen ist. 1 bedeutet, dass sie kein Vertrauen haben; 7 bedeutet, dass Sie volles Vertrauen haben. Mit den Werten dazwischen können Sie ihre Meinung abstufen. (…) – Verwaltung / – Polizei.»
(Recodierungen 1–2 = kein Vertrauen; 3, 4, 5, Antwortverweigerung = weder noch; 6, 7 = Vertrauen.)

Quellen:
DemoSCOPE Einstellungsbarometer / FSP, Politische Kultur im Wandel / GfS, UNIVOX
GfS-Forschungsinstitut, Unterstützung von Bundesrat und Verwaltung, Bern 1994

5 Politikzufriedenheit – ausgewählte andere Länder: USA

Quelle: J.S. Nye, Ph.D. Zelikow, D.C. King, Why People Don't Trust Government, Cambridge (Mass.) and London 1997

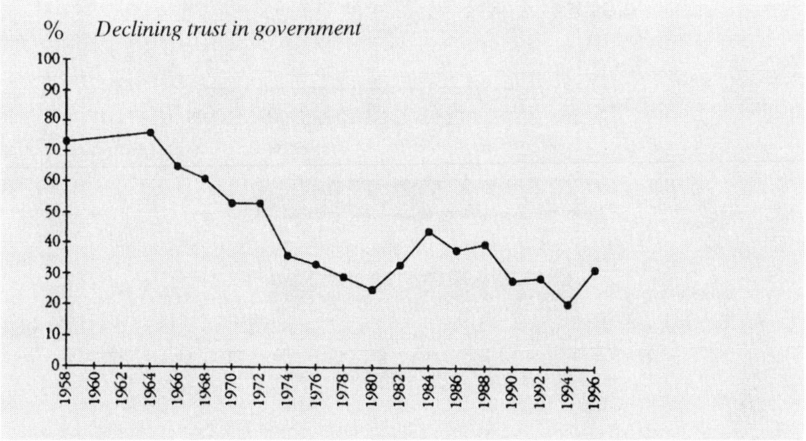

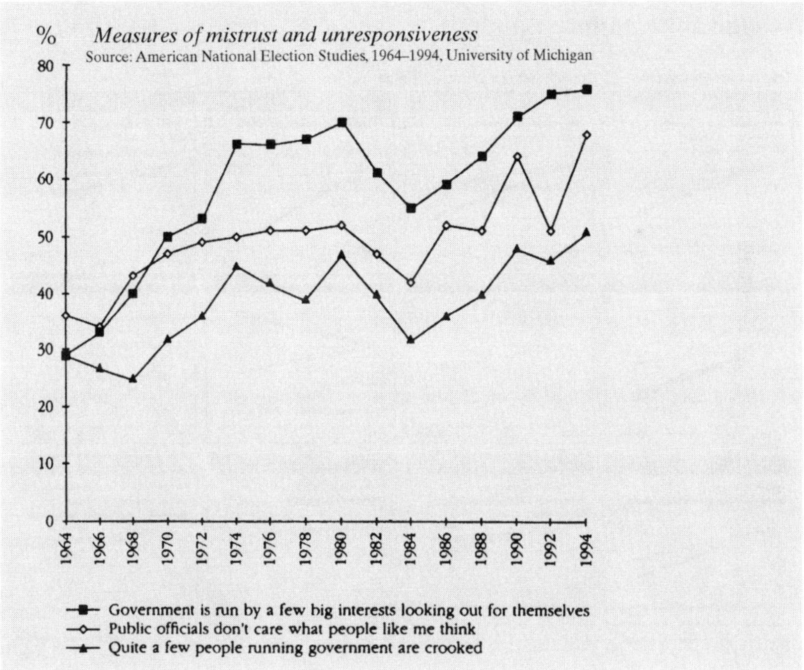

Top reasons for distrusting government

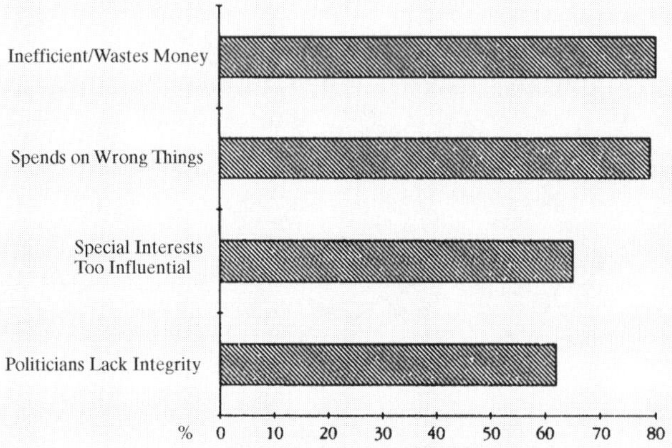

Source: Washington Post / Kaiser Family Foundation / Harvard University, 1995

Ausgewählte andere Länder

Quelle: The Economi st, July 17th 1999

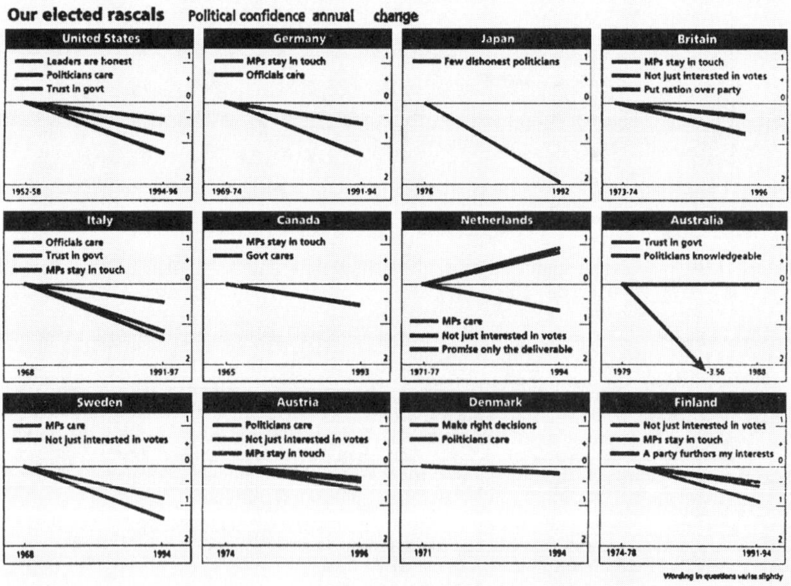

Johann Eekhoff

Grenzen des Wohlfahrtsstaates

Zur Idee des Wohlfahrtsstaates

Die Literatur bietet keine eindeutige Definition des Begriffes Wohlfahrtsstaat. Von Hayek, der sich in einem Drittel seines Buches «Die Verfassung der Freiheit» mit dem Wohlfahrtsstaat befasst, sagt lapidar: «Zum Unterschied vom Sozialismus hat der Begriff des Wohlfahrtsstaates keine präzise Bedeutung.» Das macht diesen Begriff für die Politik so attraktiv und für die Bürger so gefährlich – ähnlich wie der Begriff «soziale Gerechtigkeit». Jeder darf sich etwas anderes darunter vorstellen. Jeder Bürger soll glauben, dass gerade seine Interessen bei einer Politik unter einem solchen Schlagwort besonders gut aufgehoben sind. Der Nobelpreisträger Amartya Sen spricht generell von den europäischen Staaten als Wohlfahrtsstaaten im Vergleich zu den Vereinigten Staaten von Amerika. In Schweden, das über lange Zeit als Musterland eines Wohlfahrtsstaates galt, sprach man vom Volksheim. Dahinter steht das Bild des für alle sorgenden Staates, der den Menschen die Probleme abnimmt – eine Vorstellung, die dem Handlungsdrang der Politiker in den westlichen Industrienationen sehr entgegenkommt. Ein wichtiges Merkmal für den Wohlfahrtsstaat ist eine hohe Staatsquote.

Die Vorstellungen vom Wohlfahrtsstaat gehen bezüglich der staatlichen Aufgaben über das Konzept der sozialen Marktwirtschaft und des Sozialstaates hinaus. In der sozialen Marktwirtschaft wird dem Staat eine subsidiäre Rolle zugewiesen, d.h. zunächst sollen alle Möglichkeiten des eigenverantwortlichen Handelns im Marktgeschehen ausgeschöpft werden, wobei der Markt den Bürgern die besten Voraussetzungen dafür bietet, für sich selbst zu sorgen. Erst wenn das nicht gelingt, ist der Staat gefordert, einen Mindestlebensstandard zu sichern. Beim Begriff Sozialstaat wird im Prinzip lediglich der Akzent etwas anders gesetzt, um zu betonen, dass eine soziale Absicherung gewährleistet ist. Allerdings gehen hier die Vorstellungen schon auseinander. Die Sozialpolitiker sehen ein breiteres Aufgabenfeld im Sozialstaat als die Wirtschaftspolitiker bzw. Ordnungspolitiker.

Die Verfechter des Wohlfahrtsstaates stellen das Marktsystem nicht grundsätzlich in Frage. Ein sozialistischer Staat wird letztlich auch nicht angestrebt, obwohl der Staat sehr stark in den privaten Bereich eingreift. Der marktwirtschaftliche Sektor soll klaglos die Voraussetzungen für die staatlichen Wohltaten schaffen. Er wird mehr als notwendiges Übel, denn als Bereich der privaten Entfaltung und Bewährung gesehen, dem man den notwendigen Freiraum belassen muss.

Die meisten westlichen Systeme kann man als Mischsysteme bezeichnen. In demokratischen Ländern gibt es fast überall eine starke Neigung, in guter Absicht wohlfahrtsstaatliche Massnahmen einzuführen. Illusionen über die Wirkungen bei den Begünstigten sowie unzureichende Kenntnisse über die Belastungen und mangelnde Organisationskraft der Bürger, die für die Kosten aufkommen müssen, begünstigen die Ausweitung staatlicher Fürsorge.

Der Wohlfahrtsstaat gibt sich nicht mit den Marktergebnissen und mit einer Mindest- bzw. Existenzsicherung der Bürger zufrieden. Er will einen einmal erreichten Lebensstandard sichern und die Marktergebnisse entsprechend korrigieren. Dieser hohe Anspruch hat weitreichende Implikationen für die Eingriffe des Staates sowie für den Freiheitsspielraum und die Verhaltensweise der Bürger.

Dem deutschen Rentenversicherungssystem lag bis vor zwei Jahren das Ziel der Lebensstandardsicherung zugrunde. Jedem

Rentner sollte nach einem normalen Arbeitsleben allein aus der gesetzlichen Rentenversicherung der einmal erreichte Lebensstandard gewährleistet werden. Das Ergebnis in diesem Bereich: Die Beitragssätze überschreiten die Akzeptanzschwelle. Der Staat kann sein Versprechen nicht halten. Ein Sicherungssystem wird zum Unsicherheitsfaktor, weil die Ansprüche gesteigert und fahrlässig auf die jeweils künftige Generation verlagert wurden. Schon jetzt drohen die Ansprüche die Möglichkeiten zu übersteigen. Das Regelsystem der Versicherung wird nicht reformiert, sondern die Belastungen werden zum Teil auf künftige Generationen, zum Teil auf öffentliche Haushalte verlagert, und die Rente wird nach Kassenlage gezahlt. Das ist der Sündenfall in einem Versicherungssystem. Die Höhe der Renten wird zum Spielball der Interessen. Sollen die Renten nicht doch um 1,7% statt nur um 0,7% steigen? Soll wieder von der nettolohnbezogenen auf die bruttolohnbezogene Rente übergegangen werden? Ist es nicht angemessen, dass sich auch die Rentner an der Haushaltskonsolidierung beteiligen, wenn die öffentlichen Bediensteten nur einen Inflationsausgleich erhalten? Wäre es nicht sinnvoll, länger als zwei Jahre beim Inflationsausgleich zu bleiben?

Zur Lebensstandardsicherung im Wohlfahrtsstaat gehört nicht nur die Absicherung im Alter, sondern auch eine Sicherung des Arbeitsplatzes oder genauer des Arbeitseinkommens. Betriebe, die sich am Markt nicht mehr behaupten oder die bisherigen Löhne nicht mehr zahlen können, werden mit staatlichen Mitteln unterstützt. Beispiele sind die hohen jahrelangen Subventionen an ARBED-Saarstahl, ohne letztlich die Arbeitsplätze halten zu können, sowie an das Schiffsbauunternehmen Bremer Vulkan mit dem gleichen negativen Ergebnis für die Arbeitskräfte. Die Beispiele der Subventionierung von Unternehmen lassen sich fast beliebig fortsetzen.

Eine neue Dimension hat die Subvention von Unternehmen in Ostdeutschland erreicht. Der Staat hat nicht nur die Verantwortung für einzelne Unternehmen, sondern auch für die Einkommen der Arbeitnehmer und für die Renten übernommen. Bei den ostdeutschen Renten wurde das Ziel, das im Einigungsvertrag gesetzt wurde, nämlich eine Annäherung an die Westrenten, inzwischen überschritten. Die durchschnittlichen Renten der Männer übersteigen das entsprechende Niveau um ein Prozent, die durchschnittlichen Renten der Frauen liegen in Ostdeutschland um 35% über dem entsprechenden Wert in Westdeutschland. Hier wird ein weiteres Phänomen des Wohlfahrtsstaates sichtbar: Auch wenn die Umverteilung über das Ziel hinausschiesst und die Begünstigten besser stellt als die Nichtgeförderten und die Personen, die die Mittel aufbringen müssen, gibt es kaum Chancen für eine Korrektur.

Die allgemeine Vermögensbildung und die spezielle Wohneigentumsbildung sind weitere Beispiele für den Anspruch des Wohlfahrtsstaates, die Lebensbedingungen der Bürger in allen Bereichen in die Nähe des Durchschnittsniveaus zu bringen. Der Staat verspricht den Bürgern nicht nur Einkommenssicherheit, sondern auch einen angemessenen Anteil am Vermögen. Allerdings muss er die Mittel durch seine Zwangsgewalt von anderen Bürgern beschaffen, d.h. er muss andere Bürger enteignen. Welche Gruppen davon profitieren und welche belastet werden wird immer undurchsichtiger.

Viel selbstverständlicher als beim Sachkapital wird die Bildung von Humankapital in Wohlfahrtsstaaten gefördert bzw. vollständig vom Staat finanziert. Über eine Schulbildung hinaus wird dem Bürger die Hochschulbildung unentgeltlich angeboten. Konsequenterweise wird dann auch die Berufsausbildung bis hin zur Meisterausbildung gefördert.

In Zeiten, in denen das öffentliche Geld knapp ist, erstreckt sich die staatliche Fürsorge verstärkt auf Massnahmen, die «nichts kosten», also auf das Festlegen von Höchstpreisen, z.B. für Altbauwohnungen, auf Gebote und Verbote, z.B. im Umweltbereich oder Bauwesen, und auf Schutzvorschriften wie beim Kündigungsschutz für Arbeitnehmer und Mieter. Begründet werden solche Eingriffe in die Vertragsfreiheit mit dem Schutz sozial schwacher Gruppen. Ein Vorteil ergibt sich aber in der Regel nur für Personen, die zum Zeitpunkt, zu dem das Schutzrecht eingeführt wird, einen Vertrag haben. Das ist zu diesem Zeitpunkt immer die Mehrzahl der Betroffenen. Die Gruppe der Benachteiligten, nämlich der Personen, die einen Vertrag abschliessen möchten, ist zu Anfang gering. Erst im Laufe der Zeit fallen immer mehr Personen in den Kreis der Benachteiligten, weil sie einen neuen Vertrag brauchen und die höheren Kosten tragen müssen – sei es unmittelbar in der Form höherer Mieten, geringerer Löhne usw., sei es in der Form eingeschränkter Wohn- und Arbeitsmöglichkeiten.

Insgesamt wird der Eindruck erweckt, der Wohlfahrtsstaat könne nicht nur die Freiheit von Zwang, die politische Freiheit, sondern auch die wirtschaftliche Freiheit garantieren. Der Bürger soll so leben können, als gäbe es keine wirtschaftlichen Probleme, keine Knappheit mehr. Es wird von einer Sättigung der Märkte, von einer Überflussgesellschaft, von einem Mangel an Arbeitsplätzen und Arbeitsmöglichkeiten gesprochen. Im Zusammenhang mit der deutschen Einheit wurde der Eindruck erweckt, die in Ostdeutschland gebrauchten Güter könnten ohne Probleme durch eine geringe Mehrproduktion in Westdeutschland bereitgestellt werden. Aus der Vorstellung der fast unbegrenzten Produktionsmöglichkeiten wird schnell das Gefühl, die Wirtschaft könne beliebig belastet werden. Es komme nicht mehr auf das Produzieren, auf das Erarbeiten, auf die Leistung jedes Einzelnen, sondern auf das Verteilen an.

Der Wohlfahrtsstaat ist vor allem ein Umverteilungsstaat. Er bestimmt Mindeststandards für öffentliche wie für viele private Güter. Er verspricht die Unterschiede in den wirtschaftlichen

Möglichkeiten der Bürger abzubauen. Er ignoriert die wirtschaftlichen Anreize, die Ausgangsbedingungen und die Marktbewertung der Leistung. Er nimmt keine Rücksicht auf unterschiedlichen Einsatz und Konsumverzicht oder auf unterschiedliche Ausbildungsanstrengungen. Er fragt nicht, ob die Spielregeln fair und gerecht sind, sondern setzt am Ergebnis an. Unterschiedliche Einkommen, Vermögen, Wohnverhältnisse, Berufschancen usw. sind Anlass und Rechtfertigung für seine Eingriffe. Das Ideal ist die Nivellierung, die Gleichverteilung durch staatliche Fürsorge. Der Wohlfahrtsstaat beansprucht eine Allzuständigkeit.

Der Wohlsfahrtsstaat korrumpiert die Bürger durch «Geschenke» wie verbilligtes Bauland, verbilligte Wohnungen, unentgeltliche Kindergärten und Schulen, unentgeltliche Hochschulausbildung, Rettung von Arbeitsplätzen, Programme für Jugendliche und ältere Arbeitnehmer (Altersteilzeit/Altersteilrente), für Arbeitslose, für Frauen, für Alleinerziehende, für Mütter und Väter, für Bergbauern, für Meisterschüler, für Studenten, für Auszubildende, für Investoren, die Wohnungen bauen oder modernisieren, für Mieter und selbstnutzende Eigentümer.

Die Kehrseite des Wohlfahrtsstaates ist die Belastung Dritter mit Kosten, die sie freiwillig nicht auf sich nehmen würden. Letztlich werden alle Bürger herangezogen, die Kosten zu begleichen, nur wissen sie nicht wofür und für wen. Niemand kann sicher beurteilen, ob er Nettozahler oder Nettoempfänger ist. In einer freien Gesellschaft kämen Umverteilungen über Verträge und durch Schenkungen zustande. Das wäre begrenzt auf Leistungen auf Gegenseitigkeit zu fairen Bedingungen, also nach dem Äquivalenzprinzip oder auf eine freiwillige Unterstützung Dritter.

Der Wohlfahrtsstaat belohnt Gruppen, die sich für Privilegien einsetzen, die sich organisieren und lautstark Forderungen stellen. Der Lobbyismus zielt auf den möglichen Einsatz staatlicher Zwangsgewalt gegen andere Gruppen oder allgemein gegen den

Steuerzahler. Der Wohlfahrtsstaat ist für die einzelnen Gruppen so attraktiv, weil er umverteilen kann. In aller Regel geschieht dies zulasten der Allgemeinheit, mit Vorliebe zulasten künftiger Generationen.

Bei der staatlichen Sicherung von Arbeitsplätzen und auch bei der Schaffung künstlicher Arbeitsplätze haben die Tarifparteien die Kosten bestimmt. Hier setzt die Kritik an, dass die Sicherung unrentabler Arbeitsplätze für einen Teil der Bevölkerung die Arbeitsplätze und die Einkommen der übrigen Erwerbspersonen unsicherer macht. In den erwähnten Beispielen aus dem Saarland und Bremen haben die Länder unternehmerische Verantwortung und Garantien übernommen und dafür hohe Summen an Steuergeldern eingesetzt. In beiden Fällen haben die Tarifparteien wesentlichen Einfluss auf die Kosten genommen. Die Tariflöhne in den subventionierten Bereichen lagen zeitweise an der Spitze, mindestens aber im Mittelfeld der Lohnskala.

Die Folge staatlicher Subventionierung unrentabler Arbeitsplätze ist eine Negativspirale: Die Kosten müssen auf rentable Arbeitsplätze umgelegt werden. Ein Teil der bisher rentablen Arbeitsplätze wird unsicher, und diese Arbeitsplätze werden aufgegeben oder müssen ebenfalls subventioniert werden. Die Kosten und die Abgabenlast steigen weiter. Es wird nach Auswegen in der Beschaffung von Mitteln gesucht, z.B. Vermögensteuer, Ökosteuer. Aber auch diese Mittel müssen erwirtschaftet werden und treffen den rentablen Teil der Wirtschaft. Negative Wirkungen durch höhere Abgabenlasten lassen sich kaum vermeiden, insbesondere besteht die Gefahr, Kapital zu vertreiben und damit Investitionen zu verhindern.

Die Negativspirale läuft nicht nur über höhere Steuern und Sozialabgaben, sondern zusätzlich über eine steigende Verschuldung und eine Verlagerung von Belastungen auf künftige Generationen – Belastungen, die schon nach wenigen Jahren die nachwachsenden Erwerbspersonen treffen. Erwerbstätige und Investoren versuchen, sich dieser Belastung zumindest teilweise zu entziehen. Sie weichen in abgabenfreie Tätigkeiten aus und nehmen ineffizientes Verhalten in Kauf. Sie investieren in Kapitalanlagen, die von der Steuer nicht erfasst werden, so dass die Einnahmen zurückgehen und die Abgabensätze erhöht werden müssen. Der Wohlfahrtsstaat versucht seine Ausgaben, seine Wohltaten ungeschmälert beizubehalten oder noch auszuweiten. Der Staat lässt sich aber seine Gnadenerweise in der Regel bezahlen, indem er Pflichten auferlegt, in private Entscheidungen eingreift, die Handlungsfreiheit der Bürger einschränkt usw. Die Bürger, die mit den Kosten und Einschränkungen belastet werden, fordern eine Beteiligung an den Einkommen und Vermögen der Geförderten ein. Der Staat erhält Zustimmung und Unterstützung für punktuelle Eingriffe. Letztlich weiss keiner mehr, wer wen fördert.

Probleme und Grenzen des Wohlfahrtsstaates

Die Nachteile und Probleme, die von den Aktivitäten einer umfassenden Fürsorge des Wohlfahrtsstaates ausgehen, werden zum grössten Teil unmittelbar an den erwähnten Beispielen erkennbar, obwohl sich in den Einzelfällen zu Beginn fast immer gute Gründe für staatliche Hilfen finden lassen, die vor allem in der Solidarität mit Menschen liegen, die von Strukturumbrüchen betroffen sind. Die Solidarität mit Menschen, die in Schwierigkeiten geraten, ist nicht zu beanstanden. Der Staat reicht seine Hand aber nicht nur zu Hilfen in Notfällen und zu Übergangshilfen, sondern er dehnt die Massnahmen fast immer zu Dauerhilfen und auf Gruppen aus, die nicht hilfsbedürftig sind, sondern ihre wirtschaftliche Position unter Inanspruchnahme der staatlichen Zwangsgewalt auf Kosten anderer Gruppen verbessern wollen. Die Umverteilungsansprüche werden zwar überwiegend mit einer besonderen Benachteiligung begründet, aber auch damit, dass es andere Gruppen gibt, denen es besser geht, und man unterhalb eines gesellschaftlichen Durchschnitts liegt. Die «Unterversorgung» oder «Diskriminierung» wird dazu noch auf Einzelaspekte bezogen, ohne zu beachten, dass die gleichen Personen in anderen Lebensbereichen überdurchschnittlich gut abschneiden. Das Problem liegt nicht in den Ansprüchen der einzelnen Menschen und Gruppen, sondern in der Bereitschaft des Staates, bereitwillig darauf einzugehen oder gar von sich aus die Standards und Mindestansprüche im Sinne einer Ex-post-Nivellierung hochzusetzen.

Die Kehrseite der staatlichen Fürsorge ist eine ungewollte und beklagte Einschränkung der persönlichen Freiheit und Verantwortung. Die einzelnen Bürger und Gruppen wollen nicht oder nicht primär die Rechte der anderen einschränken. Sie erwarten eine Ausweitung ihrer wirtschaftlichen und rechtlichen Möglichkeiten, also mehr Rechte, mehr wirtschaftliche Freiheit und nach Möglichkeit weniger Verantwortung.

Der Wohlfahrtsstaat ist aber gezwungen, bei jeder zusätzlichen Massnahme zugunsten einer Gruppe seine Zwangsgewalt auszuweiten, um sich die Mittel zu beschaffen oder um Rechte einzuschränken, wenn er Hilfen und Privilegien gewährt.

Da in unvorhersehbarer Weise in die Ergebnisse wirtschaftlichen Handelns eingegriffen wird, gibt es keine verlässliche Kalkulationsgrundlage. Zu den unvermeidlichen wirtschaftlichen Risiken kommen vermeidbare Risiken bezüglich der rechtlichen Bedingungen hinzu. Die Rahmenbedingungen für wirtschaftliches Handeln werden zu einem erheblichen Teil ex post geändert. Bei den Steuern und Abgaben haben wird uns längst daran gewöhnt. Neuerdings wird selbst gegen «eherne Regeln» wie unveränderliche Abschreibungssätze für getätigte Investitionen verstossen. Die Trennung von Sozialsystemen und staatlichen Haushalten wird verwischt, d.h. beispielsweise es gibt keine klaren Regeln mehr, nach denen Renten ausgezahlt werden. Die vermeintliche Sicherheit, die der Wohlfahrtsstaat bietet kehrt sich in vielen Bereichen um und wird zur Ursache unkalkulierbarer Risiken – Risiken, die erheblich höher sind als die angeblich zu kompensierenden Marktrisiken.

Ein besonders hoher Preis für die staatlichen Interventionen wird leider gar nicht sichtbar, und man kann ihn auch kaum verlässlich schätzen. Das sind die Wachstumsverluste, die Wohlstandseinbussen augrund der falschen wirtschaftlichen Anreize, der Strukturverwerfungen und der erhöhten Unsicherheit, die zu ineffizientem wirtschaftlichen Handeln und einer unzureichenden Arbeitsteilung führen.

Da ein Staat, der sich an den Ergebnissen des wirtschaftlichen Handelns orientiert, statt verlässliche Regeln vorzugeben, jeweils ex post und auf unvorsehbare Weise in das Wirtschaftsgeschehen eingreifen muss, sind die Bürger in hohem Masse der Willkür der Politik ausgesetzt. Sie haben wenig Einfluss darauf, ihre eigenen Lebensbedingungen selbst zu gestalten. Sie können nie sicher sein, ob und wo sie von der staatlichen Fürsorge profitieren oder belastet werden. Mit grosser Wahrscheinlichkeit können sie aber davon ausgehen, dass die Erfolge zusätzlicher Anstrengungen zum grossen Teil – möglicherweise vollständig – vom Staat beansprucht werden. Kein Wohlfahrtsstaat kann die Ansprüche erfüllen, die an ihn gerichtet und die von den Politikern akzeptiert oder propagiert werden. Da das System gleichzeitig gegen die Marktkräfte arbeiten muss, wird ein zunehmender Druck aus enttäuschten Erwartungen und frustrierenden Einschränkungen wirksam, den keine Regierung auflösen kann und der deshalb die Unberechenbarkeit bis zu einem denkbaren Kollaps des Systems steigert, wenn es nicht gelingt, frühzeitig Gegenkräfte zu mobilisieren.

Die Hoffnung der Ordnungspolitiker und der Demokraten besteht in der Lernfähigkeit der Menschen, sei es aus Erfahrungen in anderen Ländern oder aus Negativbeispielen im eigenen Land oder aus Lehren der Wissenschaft.

Der Idee des Wohlfahrtsstaates liegt ein Bild zugrunde, das den Erfahrungen in einer harmonischen Familie entspricht. Wenn von staatlicher Fürsorge, von einem sozialen Ausgleich oder von einem Volksheim gesprochen wird, entsteht der Eindruck, der Staat könne wie eine grosse Familie organisiert werden und nach den gleichen Prinzipien Sicherheit, Geborgenheit und Wohlstand bieten, Hier liegt jedoch der grosse Irrtum. Die Funktionsprinzipien einer Familie lassen sich nicht auf eine grosse anonyme Gesellschaft übertragen.

Innerhalb einer Familie gibt es eine sehr gut funktionierende soziale Kontrolle. Jedes Familienmitglied kann die Leistungen und vor allem die Leistungsbereitschaft der übrigen Familienmitglieder gut beurteilen. Wenn ein Familienmitglied sich den Pflichten und dem zumutbaren Beitrag zum Gesamtwohl entzieht, gibt es eine Vielzahl subtiler Sanktionsmöglichkeiten. In einer anonymen Gesellschaft stehen diese Informationen und Sanktionsoptionen dagegen nur sehr begrenzt oder gar nicht zur Verfügung. Noch weniger lässt sich die freiwillige Solidarität bis hin zur aufopfernden Liebe zwischen Familienangehörigen auf eine grosse Gesellschaft übertragen.

Eine Gesellschaft braucht andere Regeln als eine Familie. Sie braucht nüchterne, verlässliche und robuste Prinzipien, die allgemein anerkannt und letztlich vom Staat durchgesetzt werden. Die wichtige Rolle des Staates besteht nicht darin, nach eigenem Gutdünken Wohltaten zu verteilen, sondern allgemein anerkannte Regeln für das Zusammenleben in der Gesellschaft zu entwickeln, verbindlich festzulegen und Rechtssicherheit zu gewährleisten. Ein Wohlfahrtsstaat, der nicht auf solchen Regeln beruht, sondern laufend und unvorhersehbar die wirtschaftlichen und sozialen Bedingungen verändert sowie immer mehr Verantwortung an sich zieht, wird zunehmende Widerstände hervorrufen und auf Dauer die selbstgesetzten Ziele verfehlen. Statt den untauglichen Versuch zu unternehmen, eine anonyme Gesellschaft wie eine Familie zu organisieren, sollte den Familien Raum gelassen werden, die Aufgaben wahrzunehmen, die sie am besten erfüllen kann.

Unmittelbare Hindernisse für einen Wohlfahrtsstaat sind der Steuer- und Abgabenwiderstand, der sich in Ausweichreaktionen der Steuerzahler niederschlägt. Dadurch wird der Spielraum für staatliche Grosszügigkeit zulasten Dritter eingeengt. Das Ausweichen in die Verschuldung bringt nur eine vorübergehende Entlastung. Aber auch dieser Ausweg stösst schnell auf hohe Zinslasten und auf steigende Risikoprämien, wenn erkennbar wird, dass den zusätzlichen Schulden keine steigende Wirtschaftskraft in der Zukunft gegenübersteht.

Schliesslich ist auch die Praxis, in den Sozialsystemen den Gegenwartskonsum zulasten künftiger Generationen auszuweiten, nur noch begrenzt fortzusetzen. Im Laufe der Zeit werden immer mehr Personen der höher belasteten künftigen Generationen zu Personen der gegenwärtigen Generation, die steigende Lasten zu tragen hat. Bei den eigenen Kindern würde die Gesellschaft bei einer Verlagerung von Ansprüchen auf künftige Generationen von einem verwerflichen Handeln der Eltern sprechen. In der Gesellschaft scheint das Verfahren nur dadurch zu stoppen zu sein, dass die zu begünstigende Generation damit rechnen muss, künftig keine akzeptable Gegenleistung zu erhalten.

Frage nach zweckmässigen Regeln und Grenzen für staatliches Handeln

1. Staatliche Aufgaben

Die Hauptaufgabe des Staates besteht darin, Regeln für effizientes wirtschaftliches Handeln und für eine angemessene soziale Absicherung festzulegen. Die wichtigsten konstituierenden Prinzipien der Markwirtschaft hat Walter Eucken sehr klar formuliert: freie Preisbildung, Währungsstabilität, Wettbewerb, Vertragsfreiheit, Haftung (Verantwortung), Privateigentum, Verlässlichkeit der Wirtschaftspolitik.

Unumstritten ist auch die Aufgabe des Staates, für eine soziale Mindestsicherung zu sorgen. Die Konkretisierung ist allerdings keineswegs einfach, weil das Niveau dieser Mindeststandards in einem politischen Entscheidungsprozess zu bestimmen ist, der vielen Einflüssen ausgesetzt ist. Auch im Sozialbereich sollten die Regeln unabhängig von konkreten Einzelfällen festgelegt werden, also auch für die laufende Anpassung an die Entwicklung des Geldwerts und des wirtschaftlichen Wohlstands.

In den letzten Jahren ist eine weitere Aufgaben stärker in den Vordergrund gerückt, nämlich die Vermeidung externer Effekte, insbesondere im Umweltbereich.

Ein wichtiges Prinzip, das grundsätzlich für alle Tätigkeiten gilt, ist die Gleichbehandlung der Bürger. Schon aus diesem Grund sind die vielen Programme, bei denen kein Rechtsanspruch auf die Leistungen des Staates besteht, wenn gleiche Voraussetzungen vorliegen, in aller Regel nicht zu rechtfertigen. Wenn nicht genug Mittel verfügbar sind, eine angestrebte Verbesserung für alle Personen der sozialen Zielgruppe zu erreichen, darf nicht einem Teil der Personen grosszügig geholfen und dem anderen die

Hilfe verweigert werden. Vertretbar ist dann nur eine bescheidene Unterstützung aller oder der Verzicht auf die Massnahme.

2. Regeln für staatliches Handeln

Der Staat sollte nach transparenten und verlässlichen Regeln handeln. In einer regelgebundenen Wirtschaftspolitik bestimmt der Staat die Bedingungen für das private Handeln, aber nicht das Ergebnis.

Der Staat sollte möglichst viele Aufgaben auf Institutionen übertragen, die vom ihm und damit von tagespolitischen Zwängen unabhängig sind. Ein eindrucksvolles Beispiel ist die Geldpolitik, die in der Vergangenheit der Deutschen Bundesbank übertragen wurde und Anfang 1999 auf die Europäische Zentralbank übergegangen ist. Ein weiteres Beispiel ist die Wettbewerbspolitik oder enger abgegrenzt die Kartell- und Fusionspolitik, die weitgehend unabhängig von der Politik vom Bundeskartellamt wahrgenommen wird. Auch die Altersvorsorge sollte in unabhängigen Versicherungen organisiert und grundsätzlich nicht von staatlichen Entscheidungen und Zuschüssen abhängig sein.

Ein Negativbeispiel ist die Tarifautonomie in Verbindung mit der staatlichen Wirtschafts- und Sozialpolitik. Hier fallen die Entscheidungskompetenz und die Verantwortung auseinander, weil die Bundesregierung sich in die Pflicht für die Beschäftigung begeben hat und weil kein Regelwerk besteht, die Tarifparteien für die lohninduzierte Arbeitslosigkeit in Haftung zu nehmen. Entscheidungsfreiheit und Verantwortung gehören auch in der Lohnpolitik, der Arbeitszeitbestimmung, der Dauer der Lebensarbeitszeit, der Art der Altersvorsorge usw. zusammen.

In diesem Jahr mussten die Gewerkschaften bei einem Sozialprogramm, nämlich bei Arbeitsbeschaffungsmassnahmen, mit ihren tarifpolitischen Forderungen zurückstecken. Das Bundesverfassungsgericht hat die Entscheidungskompetenz der Gewerkschaften, Tariflöhne auch in Arbeitsbeschaffungsmassnahmen durchzusetzen, eingeschränkt und der öffentlichen Hand zugestanden, einen Lohnabstand für die Entgelte der in öffentlichen Massnahmen beschäftigten Arbeitnehmer unterhalb der Tariflöhne festzulegen. Das Bundesverfassungsgericht hält es für zulässig, aus Gründen des Gemeinwohls in die Tarifautonomie einzugreifen, nämlich zur Bekämpfung der Massenarbeitslosigkeit (vgl. FAZ vom 25. Oktober 1999). Die Besonderheit von Strukturanpassungs- bzw. Arbeitsbeschaffungsmassnahmen wird vom Bundesverfassungsgericht anerkannt, indem es ausführt, solche Massnahmen seien «einer tarifautonomen Interessenwahrung auf der Arbeitnehmerseite nur eingeschränkt zugänglich».

Tatsächlich handelt es sich bei Arbeitsbeschaffungsmassnahmen nicht um Beschäftigungsverhältnisse auf dem normalen Arbeitsmarkt, sondern um sozialpolitische Massnahmen, die vom Staat finanziert werden, bei denen also von vornherein feststeht, dass der Staat den grössten Teil der Entgelte zahlt. Die Massnahmen sind vergleichbar mit der gemeinnützigen Arbeit im Rahmen der Sozialhilfe, bei denen die Kommune keine Arbeitsverträge abschliesst, sondern den Sozialhilfestatus bestehen lässt und eine geringe Aufwandsentschädigung zahlt. Auf beide Arten von Tätigkeiten wird im übrigen das sogenannte Zusätzlichkeitskriterium angewandt. Danach darf die (soziale, staatlich finanzierte) Tätigkeit nicht im Wettbewerb mit normalen Tätigkeiten ausgeführt werden, sondern es muss sich um Arbeiten handeln, die sonst nicht oder erst sehr viel später durchgeführt würden. Das sind vor allem unproduktive Tätigkeiten, bei denen am Markt keine Chance besteht, die Löhne zu verdienen. Auch wenn die Bedingung aus ökonomischen Gründen weder zwingend noch sinnvoll ist, kennzeichnet sie den sozialpolitischen Ansatz.

Zu Beginn der neunziger Jahre hat es eine heftige Kontroverse innerhalb der Bundesregierung gegeben, ob die vom Staat finanzierten Arbeitsbeschaffungsmassnahmen als Beschäftigungsverhältnisse oder als Sozialrechtsverhältnisse angesehen werden sollen. Damals wurde dem Druck der Gewerkschaften nachgegeben, diese Tätigkeiten dem Tarifrecht zu unterwerfen. Von der Zielsetzung der Massnahmen her und wegen der nahezu vollen Finanzierung mit öffentlichen Mitteln wäre es schon damals besser gewesen, die Arbeitslosen in ihrem Sozialrechtsverhältnis zu belassen und ihnen eine Aufwandspauschale zu zahlen. Einen möglichen Konflikt mit den Gewerkschaften hätte die Bundesregierung aufgrund der Zielsetzung der Massnahmen und aufgrund des hohen Mitteleinsatzes pro Arbeitnehmer nicht zu scheuen brauchen.

Da es immer Strukturänderungen geben wird, bei denen Menschen von Arbeitslosigkeit bedroht oder tatsächlich arbeitslos werden, ihren Wohnstandort aufgeben müssen und ihre Fähigkeiten nicht in gleicher Weise an anderer Stelle einsetzen können, spricht viel dafür, diese Anpassungsprozesse zu erleichtern. Ein Grundsatz für solche Strukturanpassungshilfen müsste aber sein, dass die Löhne und Gehälter im Prinzip so lange eingefroren werden, bis auf die Subventionen verzichtet werden kann. Die Arbeitnehmer und die Unternehmen müssen ein eigenes Interesse an der Überwindung der Krise und vor allem an der Beendigung der Subventionen haben. Gerade in den subventionierten Bereichen dürfen die Kosten von Erhaltungsmassnahmen nicht von den Tarifparteien bestimmt und von der Allgemeinheit getragen den. Niemand kann sich hier auf die Tarifautonomie berufen, denn unter den Bedingungen, die von den Tarifparteien gesetzt werden, würden die Arbeitsplätze vielfach wegfallen oder zumindest stark reduziert.

Ein Rückzug des Staates auf seine eigentlichen Aufgaben wird auf viele Einwände stossen – auch bei den Interessengruppen. Es wäre schon viel gewonnen, wenn es eine Verständigung darüber gäbe, mit Wirkung für die Zukunft alle Massnahmen und Regelungen abzubauen, die für die vermeintlich Begünstigten nachweislich schädlich sind oder die eine grosse Ungleichbehandlung zur Folge haben bzw. in die falsche Richtung Mittel umverteilen.

Die Grenzen des Wohlfahrtsstaates müssen letztlich von einer aufgeklärten Bürgerschaft einschliesslich der Vertreter der Medien gezogen werden, die sich für sachlich fundierte Analysen und für faire, dauerhafte Regeln einsetzen. Leider ist das ein mühsamer Prozess, und es ist keineswegs ausgeschlossen, dass manche Fehlentwicklungen so weit voranschreiten müssen, dass die Schäden offensichtlich und die Belastungen nicht mehr hingenommen werden. Aber es gibt in einer Demokratie keine Alternative zur sachlichen Diskussion und zur geduldigen Erklärung von Zusammenhängen, man könnte auch sagen: zu einer soliden Ausbildung und einem breiten politischen Engagement.

Otmar Issing

Der Euroraum: Eine Währung – ein Markt – elf Staaten

Ein neues Jahrtausend

Im September 1999 über Europa sprechen heisst einen Blick in ein neues Jahrtausend riskieren. Mit dem Eintritt in die neue Ära verbindet sich aber nicht nur Hoffnung auf Fortschritt und Wohlstandsmehrung. Im Gegenteil: Wieder einmal löst die Zeitenwende Prophezeiungen vom Untergang der Welt aus, stehen als moderner Schrecken zwei Nullen vor der Tür des neuen Zeitalters. Lassen Sie uns einfach unterstellen, das Passieren des Techno-Zerberus werde gelingen und dieser Globus werde sich auch nach dem 1. Januar noch eine Weile drehen.

Also doch «business as usual»? Zukunft als einfaches Fortschreiben aktueller Trends? Gewiss nicht: Sie werden zwar von einem Ökonomen, zumal einem Notenbanker – also dem Vertreter einer Zunft, bei der Mangel an Phantasie häufig als Garantie der Zuverlässigkeit verstanden werden mag – keine Visionen erwarten. Soweit Wirtschaftswissenschaftler solche gewagt haben, sind sie – man darf sagen Gott sei Dank – kläglich gescheitert. Es kann offen bleiben, ob die Bilanz in anderen Disziplinen wirklich besser ausfällt. Ebenso ist es aber aus der Mode gekommen, vom «Ende der Geschichte» zu sprechen. Dabei schien doch das vergehende Jahrhundert in seiner letzten Dekade einen in die Zukunft weisenden Abschluss gefunden zu haben – den Triumph der parlamentarischen Demokratie und der marktwirtschaftlichen, kapitalistischen Ordnung räumten vermeintlich selbst die Kritiker ein. Es wird noch zu prüfen sein, wie stark der künftige Widerstand gegen diese fürs erste siegreiche Kombination einzuschätzen ist. Die tiefsitzenden Vorbehalte gegen Marktwirtschaft und Unternehmertum sollten jedoch nicht unterschätzt werden. Lassen Sie mich darauf später zurückkommen. Zunächst will ich mich der Frage nach der künftigen Gestalt Europas widmen. Diese wird sich auf jeden Fall spürbar verändern. Zwei Gründe legen diese These nahe.

Zum Einen wird die Einführung des Euro mehr und mehr tiefe Spuren hinterlassen. Die Währungsunion setzt das institutionelle Arrangement im Europa der elf einem neuen Test aus. Die Konstellation: eine Währung – ein Markt – elf Mitgliedsländer ist ohne historische Parallele. Der status quo scheint nach Ergänzung, wenn nicht Vollendung der Einheit in Wirtschaft und Währung im Politischen zu verlangen. Die Antwort auf diese Schicksalsfrage prägt Europas Weg ins nächste Jahrtausend.

Zum anderen hat die Politik die Weichen in Richtung Erweiterung gestellt. Die vier Mitgliedstaaten der Europäischen Union, die bisher nicht an der Währungsunion teilnehmen, wollen mit Sicherheit nicht alle «draussen» bleiben. Und vor der Tür der EU selbst haben sich bereits zahlreiche Staaten versammelt, die lieber früher als später mit dabei sein möchten. Neue Mitgliedsländer werden das Dreieck Staat – Markt – Währung noch stärker unter Spannung setzen.

Welches Europa?

Bei Gelegenheiten wie dieser sollte selbst der nüchternste Ökonom ein Minimum an Respekt vor Europa als Begriff und Idee zeigen. Europa war stets und ist noch immer mehr als Markt und Währung. Und doch hat die Unbefangenheit, mit der wir von Europa sprechen und dabei nur einen Ausschnitt meinen, sei es dem Gehalt nach, sei es in geographischer Reduktion, im Laufe der Zeit deutlich zugenommen. Wer beschwört heute noch das christliche Abendland? Wo aber bleibt die kulturelle Identität

Europas ohne dieses heute allenfalls noch verschämt genannte einstmals dominante Element seiner Geschichte?

Dennoch: Die Europäische Gemeinschaft als «Zweckverband» – materiellen, ökonomischen Interessen folgend – hat sich bislang als überaus erfolgreich erwiesen. Von ihrer Attraktivität zeugt das Anwachsen der Zahl der Teilnehmer, von anfänglich sechs auf heute fünfzehn, nicht zu sprechen von dem Gedränge vor dem Eingangstor. Der Kern, westeuropäisch und kontinental, hat hier den Weg gewiesen.

Seit Anfang dieses Jahres steht nun die Währungsunion als Krönung der wirtschaftlichen Integration – und für nicht wenige als unaufhaltsamer Motor zur politischen Einheit. In kühnen Gedanken werden beim einheitlichen Geld die Gräben zwischen Ökonomie – Politik – Kultur übersprungen. Der hellenistische Dichter Moschos nennt Europa den «anderen Erdteil», das Ziel der Flucht des Stiers, mit der schönen Prinzessin aus Tyros auf dem Rücken. Schon 1966 bemühte der Abgeordnete Dichgans im Europäischen Parlament die Mythologie: «Wenn jeder eine Europäische Münze in der Hand hält, die eine wohlgestaltete junge Dame zeigt, die auf einem Stier reitet», erhielte das europäische Bewusstsein einen starken Impuls. Der Stier also zum zweiten Mal im Einsatz, jetzt mit dem Europa der Währungsunion auf dem Wege zur Politischen Einheit? Die neuen Euro-Noten und Münzen werden dieser Anregung nicht folgen. Verschenken die Europäer mit dem Verzicht auf dieses Symbol nicht eine grosse Chance?

Ich denke nicht: Die meisten Ökonomen zeigen sich von der Symbolkraft des einheitlichen Geldes als geplant eingesetztem Mittel, um hochfliegende politische Ziele zu erreichen, ohnehin wenig beeindruckt. Andererseits kann niemand den ausserordentlichen Souveränitätsverzicht leugnen, der im Beitritt zur Währungsunion liegt. Der Euro ist damit ein unübersehbares politisches Zeugnis. Wird sich dieser Euro als Schlüssel erweisen, der die Tür öffnet zu umfassender politischer Identität? Ist die Hoffnung begründet, man mag es gerade in prominenten Fällen für Glauben halten, der Euro werde die Europäer geradewegs zur politischen Einheit zwingen und den Frieden sichern? Einschränkungen seien an dieser Stelle gestattet. Die einheitsstiftende Kraft der einheitlichen Währung kann man kaum von der reinen Symbolik oder gar dem Wirken der Mythologie erwarten. Eine Währung überzeugt durch Stabilität, ohne erfolgreiche Geldpolitik ist an meta-ökonomische Wirkungen schon gar nicht zu denken.

Ein kurzer Blick zurück

Noch befinden wir uns im 20. Jahrhundert, einem Jahrhundert, das in seiner ersten Hälfte von zwei Weltkriegen geprägt wurde, die das Gesicht Europas von Grund auf verändert haben. 1918 hatten die Bemühungen um dauerhaften Frieden letztlich keine Chance. Nach 1945 wollte man es besser machen, aus den alten Fehlern lernen. Dies galt gerade für die Deutschen, jedenfalls soweit sie ihren freien Willen äussern durften und umsetzen konnten. Unter dem globalen Schutz der pax americana konnten die Westdeutschen unverhofft bald eine wichtige Rolle im europäischen Integrationsprozess übernehmen und aus jedem weiteren Schritt wachsenden Vorteil für das eigene Land ziehen.

Am Anfang und vor aller wirtschaftlich ausgerichteten Integration stand nach dem Zweiten Weltkrieg der Wille zur politischen Versöhnung. Ganz deutlich war dies zu sehen bei der Montanunion, der Europäischen Gemeinschaft für Kohle und Stahl, mit dem supranationalen Charakter der Hohen Behörde und der Europäisierung der Produktion, die einstmals ökonomische Grundlage für Krieg und Verderben war.

Ehrgeizige Pläne, in der politischen Integration rasch weiter zu schreiten – man denke an das Projekt der Europäischen Verteidigungsgemeinschaft (1954) – kamen jedoch verfrüht. Das Scheitern dieses Vorhabens führte zu einer ernsten Krise, die leicht das möglicherweise nicht nur vorläufige Ende weiterer Integrationsbemühungen hätte bedeuten können.

Es spricht für die Stärke des Willens, aus der Vergangenheit zu lernen, und für die Tatkraft der verantwortlichen grossen Personen, dass diese Phase der Enttäuschung bald überwunden wurde. Nur ein Jahr später, auf der Konferenz von Messina Anfang Juni 1955, wurden die Weichen für eine Entwicklung gestellt, die vier Jahrzehnte lang, zwar unterbrochen durch Phasen der Stagnation und gelegentlich auch des Rückschritts, aber immer wieder mit neuem Vorwärtsdrang, eine ungeheure Dynamik entwickelt hat. Freilich war nach der Verweigerung der politischen Integration das wirtschaftliche Element in den Vordergrund gerückt. Der Name Europäische Wirtschaftsgemeinschaft steht für das Programm, der Abbau der wirtschaftlichen Schranken für die Methode.

Mit den vier wirtschaftlichen Grundfreiheiten, der Freizügigkeit von Waren, Dienstleistungen und des Kapitals sowie der Freizügigkeit der Personen fand diese sogenannte funktionelle Integration in ihrer reinen Form in der Vollendung des einheitlichen Binnenmarktes gleichzeitig ihren Höhepunkt und ihren Abschluss. Zwar warten auf dem Felde der Wirtschaftspolitik noch viele unerledigte Aufgaben, doch war damit der genuine Beitrag der Wirtschaft zur Einheit – dieses Teils – Europas grundsätzlich erschöpft. Ab jetzt musste sich der Wille, die europäische Integration weiter voranzutreiben, in Richtung staatsbildender Institutionen verlagern. Das Abkommen von Maastricht gilt folgerichtig einem «Vertrag über die Europäische Union». Die Präambel betont die Entschlossenheit, «den mit der Gründung der Europäischen Gemeinschaft eingeleiteten Prozess der europäischen Integration auf eine neue Stufe zu stellen».

Die Währungsunion und die Folgen

Während im Politischen der Maastricht-Vertrag weit hinter hochgesteckten Erwartungen zurückbleibt, verwirklicht er in der Währungsunion zweifellos die in der Präambel genannte Absicht. Die Einführung der einheitlichen Währung steht gewissermassen auf der Schwelle zwischen Wirtschaft und Staat, in ihr verbinden sich wirtschaftlich-funktionale und politisch-institutionelle Elemente. Das einheitliche Geld beseitigt ein für allemal interne Wechselkursschwankungen, vollendet den Binnenmarkt und erhöht mit einer Währung für – schon am Anfang – fast 300 Millionen Menschen die Effizienz der Geldverwendung in beispielloser Weise. Die Übertragung der nationalen Geldhoheit auf die Europäische Zentralbank verkörpert einen politischen Souveränitätsverzicht, der von den Bürgern zu recht als tiefer Einschnitt in das nationale Selbstverständnis empfunden wird. Für die Bundesrepublik Deutschland galt das Gesetz über die Deutsche Bundesbank als wichtiges Element der staatlichen Ordnung – die im Maastricht-Vertrag etablierte Geldverfassung mit dem ausführlich entwickelten Statut des Europäischen Zentralbanksystems ist für sich als wichtiger Baustein europäischer Staatlichkeit anzusehen. Unabhängig von der individuellen Zustimmung kann gelten: Der Erfolg der Geldpolitik der Europäischen Zentralbank und die Stabilität des Euro werden damit zum Testfall der europäischen Integration über Geld und Währung hinaus.

Der Maastricht-Vertrag hat eine mit dem Beginn der Währungsunion wirksame historisch einmalige Asymmetrie geschaffen. Europäische, supranationale Geldverfassung auf der einen Seite – weitgehend nationale Hoheit auf den meisten anderen Gebieten. Diese Konstellation schafft ein Spannungsverhältnis, das den weiteren Integrationsprozess prägen wird.

Der Weg zurück ist versperrt, das Scheitern der Währungsunion wäre nicht nur ökonomisch extrem teuer, die unabsehbaren politischen Folgen kämen einer Katastrophe gleich. Ebenso gescheite wie honorige vormalige Skeptiker haben dies eingesehen und teilen nunmehr die Überzeugung: Einmal begonnen, darf die Europäische Währungsunion nicht scheitern.

Doch wie geht es weiter? Wer schon immer an die Schrittmacherrolle des einheitlichen Geldes für das Ziel der Politischen Union geglaubt hat – Europa wird über das gemeinsame Geld geschaffen oder überhaupt nicht (Jacques Rueff 1950) – sieht den entscheidenden Schritt getan. Eine Antwort darauf, wie der «Rest» des Weges bewältigt werden soll, ist damit freilich nicht verbunden.

Wer den «historischen Normalfall» als Referenz wählt, muss die rasche Entwicklung zur Politischen Union einfordern, die eigentlich hätte vorausgehen sollen. «Ein Europa, das den Schritt in die Währungsunion wagt, kann sich nicht vor der Entscheidung über die Gestalt der Politischen Union drücken» (O. Issing, 1995). Diese Aussage ist immer noch zutreffend. Die Europäer scheinen gegenwärtig jedoch wieder weiter als zuvor entfernt von der Bereitschaft zur politischen Integration, etwa zur Einigung auf eine europäische Verfassung und deren Umsetzung.

Aber, muss man diesen fehlenden Willen zum grossen politischen Wurf überhaupt bedauern, liegt in einer pragmatischen, schrittweisen Weiterentwicklung nicht sogar der erfolgversprechendere Ansatz? Oder muss man den status quo wegen der erwähnten Asymmetrie zwischen wirtschaftlich-monetärer und politischer Dimension als so fragil einschätzen, dass ohne politische Vollendung am Ende die EU selbst gefährdet wäre? Anders gefragt, kann die Währungsunion möglicherweise auf längere Sicht auch ohne politische Union funktionieren?

Es ist vermutlich einfacher, dieses Gedankenexperiment vom anderen Pol her zu starten und vor der Spekulation über die Chancen der politischen Integration nach den wirtschaftlichen Gefährdungen des Erfolges der Währungsunion zu fragen. Diese lassen sich vergleichsweise leicht ausmachen. Dabei steht mangelnde Flexibilität des Arbeitsmarktes an oberster Stelle; in Verbindung mit der hohen Arbeitslosigkeit beim Beginn liegt hier eine geradezu letale Bedrohung der Währungsunion. Eine wissenschaftliche Studie nach der anderen und inzwischen auch eine stattliche Serie von politischen Bekundungen, nicht zuletzt bei europäischen Gipfeltreffen, beklagen die Rigidität der europäischen Arbeitsmärkte, und die von den Sozialsystemen ausgehenden Fehlanreize als entscheidende Ursache der anhaltenden, erschreckend hohen Arbeitslosigkeit.

Mit dem Wegfall des Wechselkursinstrumentes und der Übertragung der geldpolitischen Kompetenz auf die Europäische Zentralbank, die nur noch eine einheitliche Geldpolitik für den gesamten Euro-Raum gestalten kann, wird dieses Manko noch gravierender. Die Geldpolitik eignet sich ohnehin nicht, ob bisher national oder ab jetzt europäisch, für die Bekämpfung struktureller Arbeitslosigkeit. Mit dem Start der Währungsunion fallen Geldpolitik und Wechselkurspolitik für den Einsatz national orientierter Steuerung aus. Im Falle national oder regional divergierender Entwicklung innerhalb der Währungsunion steigt also der Bedarf an Flexibilität im Vergleich zum status quo ante.

Das aus scheinbar heeren Motiven abgeleitete Verlangen, die Währungsunion – in diesem Zusammenhang dann gelegentlich geschmäht als «Europa des Geldes und der Finanzen» – müsse ergänzt oder besser korrigiert werden durch eine Sozialunion, führt hingegen in die falsche Richtung. Gäbe man diesen Bestrebungen nach, wären weiter steigende Arbeitslosigkeit und wachsende Spannungen zwischen Ländern und Regionen die Folge. Am Ende wäre die Existenz der Währungsunion selbst bedroht. Nicht Harmonisierung der Sozialstandards auf höchstem Niveau und europaweit einheitliche Lohnabschlüsse, sondern Löhne, die sektoralen wie regionalen Unterschieden in Produktivität und Arbeitsmarktlage Rechnung tragen, sind gefordert. Dies gilt um so mehr, als die Mobilität der Arbeitskräfte im Euro-Raum auch in Zukunft – aus den bekannten Gründen – eine deutlich geringere Rolle spielen dürfte als im von der Grösse her vergleichbaren Währungsraum USA. Darüber hinaus kennt die Europäische Währungsunion keinen Transfermechanismus, der den im national-staatlichen Rahmen gewohnten, wenngleich keineswegs stets unumstrittenen Ausgleich zwischen sich wirtschaftlich unterschiedlich entwickelnden Regionen enthält. Man mag einen grösseren zentralen Haushalt für wünschbar halten oder nicht – die Ausbildung eines innereuropäischen Transfersystems betreiben oder zu verhindern suchen –, die Währungsunion wird auf absehbare Zeit ohne diesen Mechanismus auskommen müssen.

Die Finanzpolitik wird im Kern letztlich auf absehbare Zeit eine Domäne der nationalen Regierungen bleiben. Der Stabilitäts- und Wachstumspakt sowie die sog. «no-bail-out» Klausel, also der Ausschluss der gemeinsamen Haftung für die Schulden der einzelnen Staaten, verfolgen das Ziel, die negativen externen Effekte nationalen Fehlverhaltens, wenn nicht völlig auszuschalten, so doch in engen Grenzen zu halten. Ungeachtet berechtigter Kritik am mangelhaften Konsolidierungswillen gibt es nach wie vor berechtigte Hoffnung, dass dieser Pakt seine Disziplinierungsfunktion erfüllen kann. Die Reaktionen auf erste Aufweichungserscheinungen belegen, dass die Stabilität in der Öffentlichkeit und insbesondere in den Finanz- und Devisenmärkten nicht zu unterschätzende Verbündete besitzt.

Nimmt man den Hinweis auf strukturelle Reformen auf zahlreichen Gebieten, von der Steuerpolitik bis zu Deregulierung der Produktmärkte hinzu, dann entspricht diese Aufzählung dem Katalog «guter Wirtschaftspolitik», den jedes Land in seinem ureigenen Interesse ohnehin befolgen sollte.

Was ist daran spezifisch für die Währungsunion? Nicht mehr und nicht weniger, als dass die Erfolgschancen der Währungsunion in dem Masse wachsen, wie die Reformaufgaben in jedem Lande gelöst werden. Und wiederum ist vor einer falsch angelegten «Europäisierung» zu warnen. Aufgaben auf die europäische Ebene zu verweisen, ohne zugleich eine effiziente supranationale Institution mit den notwendigen Kompetenzen zu etablieren, – an die zentrale Bedingung demokratischer Legitimation sei nur erinnert – verwischt die Verantwortlichkeiten und drängt eigene Defizite in den Hintergrund. Der psychologische Schaden, der damit der Sache der europäischen Integration zugefügt würde, kann gar nicht überschätzt werden.

Für die Währungsunion im allgemeinen und die Europäische Zentralbank im besonderen lauert hier ein gravierendes Problem: Um vom eigenen Versagen abzulenken, stehen die Politiker in diesem Zusammenhang permanent in der Versuchung, die Europäische Geldpolitik für das Anhalten der hohen Arbeitslosigkeit haftbar zu machen, während doch die Verantwortung und Kompetenz für die notwendigen strukturellen Reformen bei ihnen selbst zu suchen ist.

Um so wichtiger ist es für die Europäische Zentralbank, die Unterstützung der breiten Öffentlichkeit – in allen elf Mitgliedstaaten – für eine Politik stabilen Geldes zu gewinnen. In ihren Entscheidungen kann sie sich zwar auf ihr Statut stützen, das – im Verfassungsrang – rechtlich gesehen bestmöglichen Schutz für ihre Unabhängigkeit und ihre auf Erhaltung der Geldwertstabilität gerichtete Politik bietet. Auf Dauer kann aber auch eine unabhängige Notenbank, geleitet von stabilitätsbewussten Personen, nicht eine Politik verfolgen, die auf Unverständnis oder gar strikten Widerstand der Bevölkerung stösst.

Mit dem Maastricht-Vertrag hat sich in einem demokratisch legitimierten Akt das Europa der 15 für eine Verfassung stabilen Geldes entschieden. Mit dem Versprechen wertbeständigen Geldes haben die Politiker für die Zustimmung zur Währungsunion geworben. In weiser Erkenntnis der in Wahlzyklus und Parteienwettbewerb liegenden Versuchungen haben sie die Aufgabe, dieses Versprechen einzulösen, einer dem politischen Tagesgeschäft fernen Institutionen übertragen. Erst jetzt scheint manchem Akteur zu dämmern, dass die Auswirkungen dieser Geldverfassung aber weit über den monetären und finanziellen Bereich hinausragen.

Der politische Prozess ist vielerlei Versuchungen ausgesetzt, den bequemen Weg der Gefälligkeiten zu gehen und mit – gegebenenfalls bis hin zur Verfassungsebene – Versprechungen nicht zu geizen. Bedenkt man die in voreiligen Festlegungen für das Gemeinwohl liegenden Risiken, muss man für den Bereich der Wirtschaft und Währung nicht unbedingt bedauern, dass der Maastricht-Vertrag in der politischen Integration zunächst nicht weitergegangen ist. Für den Erfolg der Währungsunion und den Erhalt der Geldwertstabilität bleibt allerdings unabdingbar, dass sich nun die kongruenten institutionellen Voraussetzungen und adäquaten Verhaltensweisen entwickeln.

Erweiterung der EU und ihre Folgen

Mit dem Beginn der Währungsunion sind elf Mitgliedstaaten der EU einen bedeutenden Schritt in der Integration weitergegangen. Die zurückgebliebenen vier Länder werden manchmal als «Pre-Ins», manchmal als «Outs» bezeichnet – charakteristisch für die unterschiedliche Auffassung, ob die Teilnahme an der Währungsunion eine Frage des Prinzips oder nur der Zeit ist. Merkwürdigerweise ist vom einstmals regelmässig bemühten Europa der unterschiedlichen Geschwindigkeiten inzwischen kaum mehr die Rede. Dabei bestätigt jeder neue Tag seit dem 1. Januar dieses Jahres eben diesen Tatbestand. Beschreibt man den europäischen Integrationsprozess mit dem Bild der konzentrischen Kreise, stehen im innersten Ring die elf Euroländer und im zweiten die vier weiteren EU Länder. Im dritten Ring folgen die «offiziell anerkannten» Beitrittskandidaten und schliesslich im äussersten andere potentielle Bewerber für den Beitritt.

Zwischen den einzelnen Ringen steht für die absehbare Zukunft vermutlich eine bemerkenswerte Osmose an. Jedenfalls darf man gespannt sein, wie der Beitritt neuer Mitglieder zur EU – oder allein schon sein Nahen – die Einstellung zur Währungsunion beeinflussen wird. Fühlt man sich als gegenwärtiges EU Land ausserhalb der Währungsunion zukünftig wohler in einem grösseren Kreis von «Outs»? Oder dominiert der Schock, plötzlich auf einer Stufe der Integration mit Ländern zu stehen, die noch vor gar nicht langer Zeit unter dem Regime kommunistischer Planwirtschaft zu leiden hatten? Hier können interessante Konstellationen auftreten, wenn etwa die neuen EU-Mitglieder mit einer engen Anbindung an den Euro – ohne bereits Mitglied der Währungsunion zu werden – von Anfang an den einen oder anderen der «alten» in der Währungsintegration weit hinter sich lassen.

Wie reagiert der Kern der elf auf diesen Vorgang? Mit der Währungsunion ist die Vertiefung einen wichtigen Schritt weitergegangen, und die Erweiterung der EU als solche steht nicht mehr in Frage. Nach der ersten Beitrittswelle könnte eine Entwicklung einsetzen, die in vielleicht gar nicht mal sehr fernen Zukunft, die Zahl der Mitglieder der EU auf 30 oder mehr anschwellen lassen könnte. Aus rein ökonomischer Sicht stellt das Verschmelzen der verschiedenen konzentrischen Kreise zu einem Kern – ein

Markt, eine Währung – den Endpunkt der Entwicklung dar. An eine umfassende Politische Union in dieser Dimension denkt wohl niemand. Mit der Zahl nimmt die Heterogenität in einer Weise zu, die alle ambitiösen politischen Vorstellungen für die gesamte Union ins Reich der Illusionen verweist. Schwer zu beantworten ist die Frage, ob in dieser Gemengelage überhaupt die Möglichkeit offenbleibt, etwa für den ursprünglichen, alten Kern eine Politische Union zu etablieren. Die Alternative «Vertiefung versus Erweiterung» scheint durch die Entwicklung jedenfalls obsolet geworden.

Bedrohungen von Innen und Aussen

Gravitationspunkt des Prozesses der Erweiterung der EU ist der status quo, der acquis communitaire. Auch wenn der historisch beispiellose Erfolg der Union überhaupt erst den Beitritt so erstrebenswert erscheinen lässt, kann man nicht einfach voraussetzen, das erreichte Arrangement werde unverändert in Zukunft Bestand haben. Aus zwei Richtungen drängen Veränderungen. Zum einen stehen die EU als Ganzes wie die einzelnen Mitgliedstaaten vor der Aufgabe, mit ihren Rahmenbedingungen auf die mit der Globalisierung verbundenen Herausforderungen zu reagieren. In Verbindung mit dem Erbe der hohen Arbeitslosigkeit erzeugt der rapide Wandel der globalen Umwelt einen Reformdruck, der inzwischen selbst in einem reform-resistenten Land wie Deutschland scheinbar festgefügte Positionen ins Wanken bringt und fast täglich neue Volten wirtschaftspolitischer Ideen zu Tage fördert. Zum anderen wäre es mehr als kurzsichtig zu unterstellen, der Beitritt neuer Länder werde den Charakter der EU nicht beeinflussen.

Damit sind aus zwei Richtungen Kräfte am Werk, die sich zum positiven wie zum negativen vereinen können. Deutschland hat dabei einiges an Erfahrungen einzubringen. Am Ende des ersten

Jahrzehnts nach dem Fall der Mauer muss man wohl feststellen, dass die Chance, die Wiedervereinigung als Auslöser für eine Modernisierung festgefügter Strukturen zu nutzen, verpasst wurde. Die von Mancur Olson in seinem «Aufstieg und Niedergang von Nationen» beschriebenen verteilungsorientierten Koalitionen haben das Land zunächst fest im Griff behalten. Gleichzeitig lassen sich Anzeichen einer Art «Legendenbildung» feststellen, welche die katastrophale Hinterlassenschaft der sozialistischen Misswirtschaft beschönigt, die ökologische Zerstörung verdrängt und die historische Aussichtslosigkeit dieses Weges hartnäckig ignoriert.

Missstände, wie vor allem die hohe Dauerarbeitslosigkeit, die in beträchtlichem Masse dem Machtkartell der Arbeitsmarktparteien und regulatorischen Eingriffen des Staates zuzuschreiben sind, werden der marktwirtschaftlichen Ordnung angelastet. Die mit der Globaliserung verbundenen Bedrohungen lassen sich sowohl von der rückwärts gerichteten Propaganda wie zur Verteidigung bestehender Verteilungskoalitionen trefflich ausnützen. Entsprechend sehen viele Bürger in der Globalisierung weniger eine Chance als eine Bedrohung des eigenen Besitzstandes und vor allem der sozialen Sicherheit. Dies gilt für den alten Kern der EU Staaten und mag sich in der langwierigen Anpassungsphase noch stärker in den Reformstaaten äussern, die ihre eigenen Erfahrungen mitbringen und manche in Nostalgie geschönten Vorstellungen hinter der Priorität des Beitrittswunsches verbergen mögen.

Joseph Schumpeter hat in seinem Buch «Kapitalismus, Sozialismus und Demokratie» geradezu seherisch gewarnt: «Säkularer Fortschritt, der als erwiesen angesehen, verkoppelt mit individueller Unsicherheit, die sehr bitter empfunden wird, ist natürlich das beste Rezept zur Erzeugung sozialer Unruhe». Schumpeter war es auch, der die immanente, tiefe Abneigung der Eliten gegen die Marktwirtschaft beschrieben hat. Dabei sah alles so einfach aus: Ein kleiner Riss in der Mauer, die Deutschland und Europa in zwei Teile, zwei Welten getrennt hatte, genügte, um eine Flut auszulösen, die den vermeintlichen Riesen nicht erst ins Wanken, sondern gleich zum Einsturz brachte. Der Wettstreit der Systeme, mit dem sichtbarsten Gegensatz in Deutschland, in dem dieses unfreiwillige Experiment nach dem Zweiten Weltkrieg durchgeführt wurde, schien schlagartig beendet, ohne jede Gegenwehr in der letzten Runde. Die im Osten des Kontinents praktizierte Form des Wirtschaftens war in ihrem Versagen auf allen Gebieten an einem historischen Endpunkt angelangt. Der Zusammenbruch war programmiert.

In einer der Kapriolen, zu denen die Geistesgeschichte immer wieder neigt, haben Karl Marx und der historische Materialismus in einem recht behalten: Ist die wirtschaftliche Basis erst einmal derart heruntergekommen, dann hält auch der Überbau eines totalitären Regimes nicht mehr stand. War es nach 1989 zunächst nicht gerade opportun, allzu laut aufzutreten, so lasse man sich doch durch die vorübergehende Ruhe nicht täuschen. Viele Intellektuelle und solche, die sich dafür halten oder von anderen als solche angesehen werden, haben ihre Abneigung, um nicht von stärkeren Gefühlen zu sprechen, gegen die Marktwirtschaft ohnehin niemals aufgegeben. Und auch wer Schumpeters Meinung nicht teilt, dass an diesem Einfluss – und an seinen Erfolgen – der Kapitalismus zwangsläufig scheitern müsse, sollte doch die tiefsitzenden Vorbehalte gegen Marktwirtschaft und Unternehmertum nicht unterschätzen. In Europa haben die markt- wie freiheitsfeindlichen Ideologien sich in der Vergangenheit als äusserst resistent erwiesen und mitunter unter der Oberfläche der Gegenwartsstimmung auf ihre Konjunktur gewartet. Die Siegesmeldungen vom vollständigen und endgültigen Triumph der Marktwirtschaft klingen wohl verfrüht.

Entwicklung als Entdeckungsprozess

Liberale waren noch nie von der Zwangsläufigkeit der Entwicklung überzeugt. Sollten sie jetzt ihren methodisch begründeten Zweifel aufgeben, wenn sozusagen der eigene Entwurf auf der Siegerstrasse ist? Wie verträgt sich andererseits die Überzeugung von der Überlegenheit des liberalen Rechtsstaats und der Marktwirtschaft, und schliesslich der allgemeine Optimismus, das Bessere werde sich am Ende durchsetzen und Bestand haben, mit der Skepsis, dies werde vielleicht doch nicht gelingen, jedenfalls nicht in überschaubarer Frist?

Karl Popper war überzeugt: Das Leben sucht von Anfang an nach einer besseren Welt. Er wurde aber auch nicht müde, die Risiken zu betonen, die in diesem Suchprozess lauern. Von Douglas North, dem Nobelpreisträger des Jahres 1993, haben wir die Gründe für das Überleben ineffizienter Institutionen im Laufe der Geschichte verstehen gelernt. Zwei andere Gedanken aus seinem Werk sollten in diesem Zusammenhang nicht überschlagen werden.

Zum Einen der Hinweis auf die Bedeutung formloser Institutionen wie z.B. Konventionen, die neben den formgebundenen Regeln, die etwa in Gesetzen kodifiziert sind, die Abläufe in Gesellschaft, Wirtschaft und Politik ordnen. Im Rahmen der Europäischen Währungsunion ist hier nicht zuletzt an eine Stabilitätskultur zu denken, die den Wunsch der Bürger nach gutem Geld nicht nur symbolisiert, sondern auch in die Unterstützung der dazu notwendigen Geldpolitik umsetzt.

Zum Anderen die Interdependenz zwischen politischen und wirtschaftlichen Regeln. Staat und Markt entwickeln sich in einem Wechselspiel zwischen den einzelnen Ebenen, bei dem einmal die politische Vorgabe, die Anordnung «von oben», ein anderes Mal Markt und Wirtschaft, der Einfluss «von unten» den stärkeren

Einfluss ausüben. Zweifelsohne ist die Währungsunion Ausdruck politischen Wollens, mehr noch, eines weithin kaum für möglich gehaltenen Kraftaktes. Aber auch Kritiker des Maastricht-Vertrages, die diesen Schritt teils für grundsätzlich falsch, teils nur für verfrüht halten, müssen der Politik zugestehen, dass sie ihre Handlungsfähigkeit gegenüber aller Skepsis demonstriert hat. Manche, wie der Historiker Timothy Garton Ash meinen, dies sei am falschen Objekt geschehen – die gemeinsame Aussenpolitik wäre dafür wesentlich geeigneter und vor allem wichtiger gewesen. Der frühere Bundesverfassungsrichter Böckenförde sieht die Europäische Währungsunion gar in der «Ökonomie-Falle» und fordert, es gelte Abschied zu nehmen von der marktökonomischen Integration und zu den Anfängen des Zieles der politischen Integration zurückzukehren.

Standen in manchen Kreisen schon hinter dem Vorhaben der Währungsunion nicht zuletzt aussenpolitische Absichten – die Europäer quasi versammelt hinter dem Euro als Gegengewicht zum Dollar – gilt die absolute Dominanz der USA erst recht als Herausforderung für eine stärkere politische Rolle Europas in der Welt. Vor diesem Hintergrund sieht z.B. Samuel P. Huntington in seinem Buch «The Clash of Civilizations» ein «europäisches Jahrhundert» heraufziehen.

Was immer man von solchen Ideen und Prognosen halten mag, an dieser Erkenntnis führt kein Weg vorbei: Ohne den Erfolg der Währungsunion ist ab jetzt an weitere Schritte der politischen Integration gar nicht zu denken. Der Start der Währungsunion ist gelungen. Die grossen Herausforderungen stehen jedoch noch bevor.

Verpassten Chancen und vermeintlich oder tatsächlich überlegenen Optionen nachzutrauern führt nicht weiter. Will Europa seine Chance nutzen, muss es die Währungsunion als Katalysator für die notwendigen Reformen nutzen. Auf absehbare Zeit ist der Anspruch auf wirtschaftlichen Erfolg gebaut. Wirtschaft ist gewiss nicht alles und auf Dauer noch nicht einmal das Wichtigste. Aber ohne eine florierende Wirtschaft hat dieses Europa keine Zukunft.

Mein Kollege Olaf Sievert hat einmal die These formuliert: «Europa wird sich eher von der Weltgeschichte verabschieden als den amerikanischen Weg wählen». Für diese Skepsis gibt es leider gute, genauer gesagt viele schlechte Gründe. Von Amerika lernen, heisst aber ohnehin nicht alles und jedes übernehmen. Die Globalisierung fragt im übrigen nicht nach den Motiven der Politik und gewährt keinen zeitlichen Nachlass für langwierige Debatten. Die Option des Scheiterns lässt sich in wenigen Worten beschreiben. Eine Europäische Union, die ihr immenses Potential an innovativen Kräften durch Regulierungen aller Art in Fesseln schlägt, die ökonomischen Anreize durch hohe Abgaben unterdrückt, den Wohlstand hinter Schranken aller Art nach aussen zu verteidigen und im Innern nach Gesichtspunkten als Gerechtigkeit ausgegebener Gleichheitsideologie zu verteilen sucht, nimmt nicht nur Abschied von einer bedeutenden Rolle in der Welt, sondern auch von seiner eigenen Zukunft.

Grund für Optimismus

In der Kunst, Risiken zu beschreiben, Gefahren zu identifizieren und Krisen anzukündigen, müssen die Ökonomen keine Konkurrenz scheuen. Nicht von ungefähr hat ihre Wissenschaft das Etikett der «dismal science» erhalten, werden sie gerne als «Zunft der Bedenkenträger» gebrandmarkt.

Es soll Ökonomen geben, die ihr Prestige so sehr mit dem Eintreten düsterer Prognosen verbinden, dass sie jedes Ausbleiben der Katastrophe als Enttäuschung und persönliche Niederlage empfinden. Im «Normalfall» hofft jedoch der Ökonom, dass die Politik seine Warnungen ernst nimmt und das vermeidliche Übel verhindert. Bei allen unübersehbaren Risiken eröffnet die Währungsunion immense Chancen. Unter den zahlreichen Gründen für Optimismus steht der bisherige Erfolg der Union an erster Stelle. Lassen Sie mich noch einmal an den Beginn dieser Erfolgsgeschichte erinnern. Vor allen wirtschaftlichen Leistungen, einem Wohlstand gerade in Deutschland, zu dem die wirtschaftliche Integration mit den Nachbarn entscheidend beigetragen hat, stehen über fünfzig Jahre Frieden zwischen einstmals unversöhnlichen Feinden. Dieses politische Fundament gilt es für die notwendigen Reformen zu nutzen.

Solange die Europäer nicht vergessen, wo sie herkommen, sollten sie auch wissen, wo sie heute stehen und wohin sie gehen.

ROBERT A. LEVINE

WHY DOES AMERICA LEAD ECONOMICALLY – AND EUROPE FOLLOW?[1]

There's nothing better to stimulate
economic development than throwing
a bunch of engineers out of work.
(Los Angeles Times)

Pour eviter l'anarchie, il fallait reglementer!
*(Vaucluse, magazine of the
French department of that name)*

The two quotations encapsulate the theme of this paper. The first is the headline of a news story describing how, when falling defense budgets at the end of the cold war put Los Angeles aerospace engineers out of work, many of them started up small companies that a few years later became key players in the «information revolution». The second quotation presents a traditional French (and European) view of the role of *l'etat* in economic as other parts of national life.

The central argument here in this paper is that:

- The rapid growth of the world economy over the last decade has been based on the technologies generally grouped together as the information revolution.
- The United States lead Europe[2] and the rest of the world economically because of its leadership of that revolution.

---

1 The original title of this lecture, presented on 3 May 2000, *Why Does America Prosper So – and Europe Not,* was a extension of the headline on the *International Herald Tribune* column (19 March 1999) on which it was based. Headlines are written by editors, not columnists. The current title is more appropriate. Europe is, in fact, prospering, but America is the leader in the sense defined by the *Oxford English Dictionary,* «One who precedes as a guide».

2 Europe in this paper means Western Europe, the Europe of EU/EMU/NATO plus Switzerland—the Europe that might possibly rival the United States for leadership.

- American leadership stems from an overall *gestalt* centered on deep «cultural» factors exemplified by the first of the two quotations, rather than from any set of deliberate growth-promoting policies.

The paper goes through the evidence for these contentions and then discusses the downside of American economic growth. It concludes with a discussion of policy issues for Europeans.

Schumpeterian growth

The Austrian-American economist Joseph Alois Schumpeter (1883–1950) is not well-known by laymen. Professionals across a wide spectrum of economic and political views, however, consider his analysis of the forces underlying economic growth to be one of the seminal contributions of the 20th century. Schumpeter contended that growth is impelled by *innovations* introduced into the economy by *entrepreneurs.* These are very special words: innovations are not inventions, an entrepreneur is not a *patron ordinaire.* Rather, an innovation is the introduction into the working economic system of something new that makes a difference: it may be an invention in the strict definition but it may be a redefined product, a new mode of industrial organization, a change in marketing, or some other new way of thinking; to be an innovation it must *do* economically rather than just *be.* And an entrepreneur is the individual (or less likely the organization) that takes the risk and gains the profit of the new introduction. Switzerland is high in invention – it has produced more patents per capita than the United States – but the U.S. remains the world's leader in innovation.

Schumpeter suggested that, beginning with the Industrial Revolution, clusters of innovations have brought about long waves of economic activity, up to half a century in length, although precise periodicity is neither certain nor important and technology itself may be accelerating the process and shortening the waves. A wave begins with a period of strong growth when the new technologies or concepts replace the old. Such replacement causes, in the well-known phrase, *creative destruction,* as the old disappears, causing hardship in parts of the economy even within the trend of overall growth. Eventually the new techniques become fully absorbed, growth slows, and the wave turns down. Cyclical downturns imposed on the rapid-growth phase of the wave are mild but they can become severe on the downslope; the Great Depression of the 1930s has been the prime example of the latter.

By the time of Schumpeter's death, three long waves had crested and fallen. The first, at the end of the 18th century and the beginning of the 19th, was associated with the steam engine and the introduction of interchangeable parts into manufacturing. It was followed by the railroad/telegraph revolution in the last half of that century; the third was based on the automobile, the airplane, radio, and movies with which the 20th century began. World War II can be characterized either as a break exogenous to the economic system, or as the beginning of the next wave centered on television and other means of spreading mass communications, and on new military technologies extending from the 1939–45 war into the cold war.

The current rapid growth of the world economy is the upslope of the most recent of the long waves: the information revolution based on computer hardware and software and new means of electronic communication, and probably including bioengineering too. This wave, like the last two, is led by the United States.

Why the United States?

The fact of U.S. leadership is clear. Almost equally clear is the immediate cause: the United States has invested a lot in the new technologies, much more than Europe or Japan. By 1999, more than a third of total non-residential investment in the United States was in information processing equipment and software, almost half the increase in investment over the decade of 1989–1999 was in this sector. Although comparable figures are not available for the rest of the world, U.S. technological research and development has exceeded that of France, Germany, and the United Kingdom combined; on a per capita basis, it has been twice that of France and Germany.

The central question is: Why has the United States taken this lead in activity, resulting in the lead in results which is the subject of this paper? The answer suggested in this analysis is based primarily on the overall U.S. *gestalt,* centered on historical American culture, only secondarily on policies deliberately intended to encourage growth.

The American *gestalt*

The *gestalt* is broken down here into several subcategories: The size of the United States. Its historical culture, including a stress on ambition over security, fluidity, flexibility, and freedom; and other cultural factors. Furthermore, public policies which encourage growth without having that as a primary objective: anti-statism and defense spending. Of these, the middle category – culture – is the most important.

Taking them in order, I would like to comment on these factors as follows:

Size

The United States is a huge capital market, a huge market for consumption and investment goods and services, and a huge labor market. Even without disproportionate spending on research and development, this would provide critical mass to encourage and absorb technological innovations and organizational and marketing innovations. The European Union and the European Monetary Union have moved Europe toward becoming a single capital market, but the world is becoming a single capital market in any case. EU and EMU have also made it much easier for goods and services to cross borders, but differing national tastes and traditions limit the size of consumer markets and different cumulated stocks of capital goods constrain intra-European investment. And in spite of anecdotes about young French professionals moving to England and the like, European labor markets remain largely national.

Culture

Possibly the single most important factor in American innovative leadership is *the relative emphasis put on ambition as compared to security.* For many Americans – particularly those who are most competent or think they are – the hope of getting very rich is more important than the fear of becoming very poor. This has negative effects on those who do not make it and those who never thought they could; some of the effects are discussed below. It also discourages policy efforts aimed at decreasing economic inequality[3]. But both attitudes and policies provide strong incentives for ent-

3 In 1970, I was economic advisor to Jess Unruh, a shrewd California Democrat who had taken on the impossible task of running against Ronald Reagan in his campaign for reelection as governor. I suggested a possible proposal to increase tax progression, but Unruh told me: «You don't understand. Most Californians don't want high taxes on the rich because they think that some day they will become rich.»

repreneurship. That contrasts, for example, to France, where the highest ambition for many is to become a government employee – an *enarque* or a *fonctionnaire,* depending on one's starting point.

As important, or nearly so, are American *flexibility and social fluidity.* These have several crucial manifestations:

Class Mobility. Partly a social myth, partly true, most Americans consider themselves as members of, if not a classless society, at least one in which it is easy to move from class to class. The poor white boy – but increasingly also non-whites and non-males – considers himself to have a chance of moving up – far up. Some European nations are similar – the French meritocracy is also partly a social myth, partly true – but for others, notably England which resembles the United States in other ways, classlessness has some distance to go. The English girl at the top of her class in a state school who got a large scholarship to Harvard while being rejected by Oxford has become notorious.

Anti-racism. This is certainly not the first characteristic that comes to mind when Europeans, or even Americans, think of the United States. Europeans, or at least most European «intellectuals» think of the U.S. as being the prototypical racist nation; they think of themselves as being relatively tolerant (since the end of German Nazism and its collaborators in other parts of Europe, anyhow). In fact, racism of all sorts persists on both sides of the Atlantic but the United States has, at least since the 1960s, been trying to do something about it, with a surprising degree of success. Members of American minorities participate significantly in every private and public job category. Far more than symbolic is the fact that the U.S. Congress and most state legislatures have powerful black and hispanic caucuses. *L'Assemblee Nationale* has no Algerian caucus, the *Bundestag* has no Turkish *fraktion,* the House of

Commons no Pakistani group. Increasing racial mobility leading to sharing of power is another aspect of American social fluidity.

Immigration. Of more immediate significance for America's lead in the information revolution is that the United States is an immigration state. True, many Americans like many Europeans worry not only about the size of immigration flows, but about the differences of the new immigrants' ways from those of the dominant culture. Nonetheless, the entire history of the United States is one of new and different groups of immigrants changing the existing culture even as they adapted to it. This differs not only from Germany and other European nations where citizenship by «right of blood» *(ius sanguine)* is giving way only reluctantly to the right of birth on national soil *(ius soli),* but even from France where immigrants have been relatively welcome so long as they quickly became fully assimilated Frenchmen and -women. The importance of immigration for American leadership of the economic revolutions of the first part of the 20th century is illustrated by the contributions made by first and second generation Jewish immigrants, particularly refugees from Hitlerism. Now disproportionate numbers of Asian immigrants and their offspring have joined the information revolution. And this will continue beyond the current generation: seemingly well over half of the scholastic prizes in science as well as other fields are going to students with Asian names.

American *Higher Education* may be better or worse than European – it depends on the criteria. What is certain, however, is that colleges and universities are far more diverse in the United States. Harvard may be at least the equal of any university in the world, but public universities like California State University at Northridge and private ones like Macalester College in Minnesota exemplify a large number of very good institutions with few analogues in Europe. This has three implications for American technological leadership. First, akin to the other aspects of social mobility, it means that more high school graduates go to college – some sort of college – than elsewhere; in this sense at least, America remains the «land of opportunity.» Second, this system of higher education attracts immigrants looking for such opportunity. And third, it provides proportionately more training, in technical and business fields particularly, than do the more classical institutions of the old continent.

American youth are traditionally tinkerers. American boys – and increasingly girls – tend to fix their own cars, build their own radios, etc. Two magazines with very long histories and continuing high circulations among youth and adults are Popular Science and Popular Mechanics.

Public Policy

The next section takes up policies deliberately intended to affect growth or other aspects of the American economy. The discussion here concerns areas of policy with other objectives, that nonetheless have had major effects on growth and economic leadership.

America's historical ideology is *anti-statist.* Whether because of the original revolt against the English throne, the federalism consequent upon uniting thirteen different colonies, the continuing influence of the frontier throughout the 19th century, or some additional set of factors, the U.S. stressed checks and balances and diffusion of power, at a time when Germany, France, the United Kingdom, and to some extent Italy, were increasing the powers of their central governments. Economically, that meant that in the crucial last half of the 19th century, American economic development was subject to little direction from the federal government, and little control until the end of the century (although it received substantial subsidies, open and hidden). This was at a time when the states of continental Europe were becoming increasingly *dirigiste,* a difference which persists, as will be discussed.

The *cold-war defense budget of the United States,* decried over a period of decades by those – by no means all on the left – who saw resources being dissipated into unproductive uses, has in retrospect provided a major investment in cutting-edge technology. The *Los Angeles Times* headline with which this analysis began tells most of the story: the engineers who lost their jobs when the cold war ended became leaders of the information revolution. Not only the people, however, but the science required to keep an increasingly high-tech electronic military machine moving forward, provided the seed-bed for the civilian technologies of the new era. The same might have been true for the Soviet Union – except that none of the other conditions for growth were fulfilled.

Deliberate policy

If the central reasons for U.S. leadership lie in culture and other aspects of the American *gestalt,* including policies with other objectives, deliberate economic policy has nonetheless had significant additional effects. Four basic policy areas are: hands-off economics; anti-trust laws; sponsorship of basic research; and support of higher education.

Hands-off

A corollary of America's broad anti-statist ideology is an equally ideological bias against government getting too deeply into the economy. The United States has fewer rules and limitations on wages, hiring and firing and other employment conditions; less employment in the public sector, and lower taxes than does most of Europe. Market-oriented[4] European economists attribute higher European unemployment rates, which they term «structural», to these differences.

That is a partial truth – over-conservative macroeconomic policies must share the blame for European unemployment. In any case, however, relative labor-market flexibility makes a smaller contribution to long-run U.S. economic leadership than a parallel difference less stressed by most of the Europeans. The United States lets its entrepreneurs decide where to innovate; European states tend to tell them, or at least to advise them strongly. *Dirigisme* is a French word for which it is difficult to find a precise English equivalent.

In France, Socialist Prime Minister Lionel Jospin's government, while moving ahead on both labor-market deregulation and privatization of publicly-owned firms, remains *dirigiste.* Most recently, the government has decided to publicly apportion licenses in the diversifying mobile telecom area, in order to choose a «national champion». This contrasts to most of the rest of the world, even including Germany, which is putting licenses and frequencies up for auction. The Germans have their own problems with government direction, however: in addition to the well-known limitations on retail trade and other aspects of daily economic life, Germany retains its own higher-level *dirigisme,* as exemplified by the government's valiant (and lost) battle to keep the German telecom firm Mannesmann from being taken over by Britain's Vodafone. No American voices were raised when Daimler bought Chrysler.

4 The word used in Europe is «liberal», but because of its different connotation in the United States, where it is almost synonymous with «left-wing», it is avoided here.

Anti-Trust

One area in which the United States government has been active for more than a century has been combating monopoly. The irony of the innovation process is that the lure of big profits gained from at least temporary monopoly is the major incentive for innovation; but monopoly achieved tends to constrain further innovation.

The American system, put in place at the end of the 19th century out of fear of too much concentration of private economic power, encourages temporary monopoly through the patent system but tries to prevent innovation-stifling longer-run control. The current Microsoft case illustrates the point: Microsoft began small, quickly achieved near-monopoly in the key area of operating software; government anti-trust authorities allege that it then used that position to stifle innovation in other areas; for better or worse, the government is trying to remedy this by breaking the firm up.

In historical contrast, at the time that the U.S. was initiating its anti-trust system, Europe's key industrial nations promoted monopoly; *kartell* is a German word. And even today, Germany's attempt to prevent the takeover of Mannesmann, French efforts to create a telecom champion, and EU promotion of Airbus Industries all indicate a continuing bias toward the structuring of industry by government, frequently into at least near-monopoly.

Basic Research

A typical *sequence* leading to technological change is the following: *basic research* in scientific principles and generic technology > *applied research* into the uses of the new technology for actual products and processes > *development* of the new products and processes > *marketing* them. The last three of the four steps define the innovation process: the costs and risks of applied research, development, and marketing of the new product/process are incurred by the entrepreneur in hope of profits to be gained.

The rewards for the first step, basic research, however, are spread across broad economic sectors, with only a small portion of the rewards likely to accrue to the researcher. For that reason, government, representing the economy as a whole, is an appropriate and even necessary funder for such basic research.

The U.S. system fits that model. In 1996, the economy as a whole spent $30 billion for basic research, $39 billion for applied research, and $116 billion for development. The federal government portion of each went in inverse order: 58 percent of basic research; 36 percent of applied research; 26 percent of development. (The federal contribution to marketing is not tabulated, if it exists at all.) And although data are not available, even most of the government contributions to applied research and development seem likely to have been for defense.

Higher Education

Closely related to both the government spending on basic research and the opportunities offered to a broad range of students by the U.S. system of higher education, government at all levels invests heavily in education at that level. A century and a half ago, the federal government gave the states land grants to subsidize the setting up of state universities; now each state has at least one such university; most have multiple systems with many campuses. The University of California, for example, has nine campuses, but the state of California also owns the California State University system with 23 campuses (including Northridge), and the state and localities fund even more community (two-year) colleges. And the federal government continues to spend significantly on higher education through research and other grants (some of which are part of the much-maligned «pork barrel» expenditures in the districts of powerful Congressmen and other politicians) and student scholarships. The scholarship peak was reached with the «G.I. Bill of Rights», which offered a significant scholarship to every veteran of World War II, with lesser echoes for the veterans of subsequent wars. Broader student scholarships and loans continue across the board.

The American downside

An old American saying is that «There ain't no such thing as a free lunch.» The costs of the U.S. lead in the information revolution and world economic growth have been substantial, substantial enough that the moral argument can be made (but not resolved – few moral arguments can be) that the rapid economic growth of the United States has not been worth it. The major costs – increasing inequality in income and wealth and problems consequent in part on that inequality – are more social than economic. That makes them uncomfortable for many economists to discuss, but it does not make them unimportant; as they stand, they could tear apart the American social fabric.

Inequality

«Everybody knows» that incomes in the United States are less equal than those in Europe, but data are hard to find. The most comprehensive statistics available[5], however, do back the conventional wisdom – indeed in a way that suggests a strong connec-

5 This section is based on «Theil» indices of inequality, taken from the World Income Inequality Data Base published online by the United Nations World Institute for Development Economics Research.

tion to recent rapid growth. The data show that in 1983, a computed index showed income inequality in France to actually be somewhat greater than in the United States, with Germany substantially more equal than either[6]. A decade later, in 1993, the last year for which French data are available, that nation had become as equal as the unchanged U.S.; Germany remained more equal.

The striking change began in 1993. The two additional years of data available for the U.S. show a jump by almost a quarter in the inequality index through 1995; other data show inequality continuing to increase at the same rate through 1997[7]. That these are the years of takeoff for U.S. growth establishes at least correlation although not causation. Causation cannot be proven; it never can. Nonetheless, the factors that brought about the spurt of growth seem likely to have at least exacerbated the increased inequality. Innovation made entrepreneurs very rich – as it was supposed to; those whose capabilities could contribute to the information revolution gained; those who could not did not. The lot of the last group was made even worse since, as postulated by economists' «theory of comparative advantage» in international trade, as the high-tech advantages of the United States grew the low-tech advantages of other countries also grew. Jobs not only for less-skilled Americans but also for those skilled in low-tech industries departed across the Pacific Ocean and the Rio Grande.

More fundamental than the changes attributable to the boom of the 1990s, however, the long-run bases for American leadership discussed above also help perpetuate inequality. The weight put on ambition over security, and the fluidity of the American class system – downward as well as upward – mean that less attention

6 The tables show the United Kingdom so much more equal than any of the others that the difference is difficult to interpret and the UK is left out of these comparisons. The tables provide no data for Switzerland.

7 Rodger Doyle, «Income Inequality in the U.S.», Scientific American, June 1999. The article states that the data used are from the U.S. Census Bureau.

is paid to those falling behind than in Europe. Racial progress has been substantial for the more capable members of minorities but the less capable have suffered; immigration brings in entrepreneurs, but it brings in many more migrant farm workers and day laborers to compete with native unskilled workers. And together, all of these factors contribute to the conservative politics – not very sympathetic to the less successful, at least until «compassionate conservatism» became the campaign slogan of George W. Bush – that has dominated American government since the early 1980s.

Related Social Problems

Some of America's well-publicized social problems are closely related both to growing inequality and to the conservative politics with which it is intertwined. The «fraying of the safety net» for those at the bottom has increased hunger and homelessness among the unfortunate. For example, the mid-1990s «welfare reforms», successful beyond most expectations as the economic boom has succeeded beyond most expectations, are likely to collapse when the economy turns down, or when welfare recipients end the five-year lifetime eligibility for federally-funded assistance written into the new law. If the end of eligibility coincides with economic downturn, the collapse could be catastrophic, the more so because the downturn will also reduce state and local resources to cope with the problems.

Other problems, the sale and consumption of drugs for example, are arguably caused in part by inequality and the frayed net. And America's notorious violence, related to inequality and to drugs, is also based on some of the same factors that support American entrepreneurship, particularly the frontier traditions which lead to violent solutions with or without guns. Putting this together with political conservatism has then led to the incomparably high proportion of the U.S. population in prisons.

Und so weiter. The policy questions for Americans are: First, can something be done about the growing inequality and the social problems, even at the cost of some slowing of growth (and concomitant increase in unemployment above current historically low levels)? And second, *should* such steps be taken?

My answers are that while major changes would be close to impossible – the central argument here has been that both the problems and the advantages stem more from the American *gestalt* than from any causes changeable by immediate policy – significant meliorating measures are both possible and desirable. Even if movement in the European direction by restoring and improving the safety net were to slow growth by increasing the public share of the economy as it has in Europe, that would be worth some slowdown. Making the tax system more progressive – U.S. inequality is exacerbated by a system that, taken as a whole, including payroll as well as income taxes, is not very progressive – might cut into entrepreneurial incentives, but not very much.

In the final analysis, however, policy cannot (and should not) change the United States into Europe; the differences run too deep. The policies suggested in the last paragraph may soften the results of those differences. When the United States – and Europe and the rest of the world – come to the precipice of another cyclical downturn accelerated by the downturn of the long wave of economic growth, they may be needed to save the American social fabric.

Europe

Nor can European policy change the continent into a replica of the United States of America, not even if the European Union becomes a confederation as suggested by German Foreign Minister Joschka Fisher, not even if it ultimately becomes a true United States of Europe. Short-run policy cannot change the fundamentals; the kind of fundamental change that would be required for Europe to rival U.S. economic leadership[8] is neither possible nor desirable, not for Europeans and not for Americans who love Europe.

That does not mean, however, that policy cannot improve Europe's position or bring it closer to the United States in innovation and growth. Policy improvement is possible in three areas: integration; immigration; and de-*dirigisme.* What is less possible, and less desirable – to me as well as most Europeans – is fundamental cultural change.

Integration

The first reason listed for U.S. leadership was the sheer size of its capital, consumer, and labor markets. As has been noted, Europe has begun to approach this for capital; the strengthening of EMU as the Euro comes into full being in 2002 should bring to European capital markets a fluidity similar to those of the United States. Indeed, world capital markets are becoming increasingly fluid. What will remain easier for the U.S. than for Europe or the globe as a whole, however, is obtaining and understanding the detailed information needed for worldwide investment.

---

8 As noted in the initial discussion of the title of this paper, «leadership» means precedence and guidance. A united Europe could become as economically and politically powerful as the United States, but that would not make it the leader of the next wave of technological change and economic growth.

In any case, the capital market is the least of the problems. A drive toward more complete integration can reduce some of the barriers to labor flows, but not the barriers of language and culture. To a lesser extent, the same is true for consumer goods: the Euro will make intra-European sales easier, but not homogeneous.

Policy can thus increase economic integration, but not complete it, not in the American sense. A necessary condition and likely outcome, however, will be further political integration, which may be rejected by fiercely independent countries like the United Kingdom and Switzerland.

Immigration

A brain inflow to match the still continuing slow brain drain to North America provides one reason for relaxation of European immigration policies. The immediate problem might be helped by expedients like the quotas for skilled «temporary» immigrants being pushed through with great political difficulty in Germany, but such devices require a skill in selectivity difficult to achieve. Some of the immigrants making major contributions to American technology do enter in part because of such specific encouragement, but that is certainly not true of the high school students winning the science prizes whose ancestors or families came in under more general regulations. Nor is it true of the many coming for higher education – a policy available to Europe if it had institutions of higher education to attract those interested in technology or business. Nor would such specific policies help solve the parallel problem of the falling and aging of European populations. Europe's youth is renewal only by immigration – which some, of course, may consider a Faustian bargain.

To make progress on the demographic encouragement of economic growth, Europe will have to reconsider its very basic immigration and ethnic policies. The accession to power of Jörg Haider in Austria, the similar sympathies in Switzerland, and the rumblings in Germany and elsewhere suggest that this is quite unlikely.

De-dirigisme

The center-left and center-right governments of EMU Europe are moving away from labor market regulation faster than might have been expected, although it is a long way to British Thatcherism as refined by Tony Blair. Indeed, most of Europe's free-market economists attribute current prosperity to deregulation, although the major share of credit should go to exports based on the American boom. Further deregulation will continue to help at the same stately pace. So will varieties of de-*dirigisme* as exemplified by current and planned privatization.

For Europe to share fully in the leadership of the next great wave of technology, however, governments will have to retreat from concepts of national – or even Europe-wide – champions, national choice of growth sectors, national encouragement of specific realms for investment, national protections against failure. Europe will, in fact, have to move from old-world security to new-world ambition. And that, like changed immigration and other policies, would require major cultural change.

Culture: The great tradeoff

For Western Europe to rival the United States in economic leadership, it would have to become much more:
- Integrated
- Homogeneous
- Open to eastern and southern Europeans and non-Europeans

- Willing to substitute ambition and risk for security
- Deregulated
- De-dirigé

In other words, it would have to redo its entire culture, and even its history or the way it thinks about it. Lacking such a revolution Europe will continue to follow the United States economically, at least until the world arrives at an economic era that requires the European virtues rather than the American.

Such a complete rethinking, however, is a polar solution, unlikely and to most Europeans (and to me) undesirable. Although Tony Blair's «Cool Britannia» may seem to approach that pole, the United Kingdom will hardly go that far, nor will Britain join the United States as once advocated by Winston Churchill, or even join the U.S., Canada, and Mexico in the North American Free Trade Association as some have suggested. Neither politics nor economics will allow it.

The opposite of «Cool Britannia» is Venice, a beautiful museum slowly deteriorating and supported entirely by tourism based on appreciation of ancient arts and history. Europe is far from that pole, but refusal of any change would lead that way. The examples of Haider and his kind throughout Europe suggest that democracy too could deteriorate on that course.

The danger in the short run, as economies slow down, particularly as they slow and then fall on the coming downslope of the technological wave, is not trivial. To avoid this – to remain a close follower of American growth while retaining the European advantages of equality and security – some change is necessary. How much is not for an American to say.

Wernhard Möschel

Notwendigkeit und Möglichkeit einer Staatsaufgaben-Privatisierung

Als ältester Privatisierer und Deregulierer gilt der Prophet Moses. Als er vom Berge Sinai herabgestiegen war, sagte er zu seiner Gefolgschaft, es gebe eine gute Nachricht und eine schlechte. Die gute Nachricht: Er habe die Zahl der Gebote und Verbote auf sage und schreibe zehn heruntergebracht. Die schlechte Nachricht bei den Verboten: Der Seitensprung ist immer noch dabei ... Und so ist es bis auf den heutigen Tag geblieben.

1 Privatisierungsformen

Privatisierung meint Rückzug des Staates aus eigener Wirtschaftstätigkeit. Die Übergänge zur Deregulierung sind fliessend. Denn eine staatswirtschaftliche Betätigung lässt sich auch als eine vergleichsweise intensive Ausprägung von Regulierung begreifen.

Innerhalb der Privatisierung unterscheidet man eine *materielle:* Hier zieht sich der Staat aus Bereitstellung wie Produktion eines Gutes zurück. Ein Beispiel ist die Veräusserung eines Staatsunternehmens. Man spricht auch von Aufgabenprivatisierung. Bei einer *formellen* Privatisierung bleibt eine Aufgabe als Staatsaufgabe definiert. Die öffentliche Hand bedient sich nur der Instrumente des privaten Rechts, meist um grössere Flexibilität zu erzielen. Man spricht von Organisationsprivatisierung. Eine dritte Privatisierungsform ist das *contracting out,* die Überantwortung einer unverändert öffentlichen Aufgabe an selbständige Private. Sie ist namentlich auf Gemeindeebene anzutreffen. Vier Grundtypen lassen sich dabei unterscheiden:

- Staatliche Eigenproduktion wird durch Fremdbezug ersetzt. Eine Gemeinde überträgt z.B. die Aufgabe der Gebäudereinigung einer privaten Firma und hält für diesen Zweck kein eigenes Personal mehr vor.
- Beim sog. Submissionssystem erbringt ein privater Anbieter gegen Entgelt einer Gebietskörperschaft eine Leistung, die unmittelbar den Bürgern zugute kommt. Ein Beispiel ist das so genannten Betreibermodell im Abwasserbereich. Die Entsorgungsaufgabe einer Gemeinde wird in ihrem Auftrag von einem privaten Unternehmen erfüllt. Hierbei gibt es auch Mischformen der Kooperation von Gebietskörperschaft und privatem Anbieter.
- Beim so genannten Konzessionsmodell leistet ein privater Betreiber direkt an den Bürger gegen ein von diesem zu erbringendes Entgelt. Ein Beispiel dafür ist eine privat besorgte Müllabfuhr oder ein öffentlicher Personennahverkehr aufgrund einer gemeindlichen Konzession.
- Im Falle eines Gutscheinsystems vergibt die öffentliche Hand steuerfinanzierte Gutscheine, die zur Bezahlung beliebiger Lieferunternehmen dienen. Das Wohngeld lässt sich hier einordnen. Der Gedanke spielt weiter eine Rolle innerhalb der Diskussion um eine Reform des Bildungswesens.

Es gibt weitere Verfeinerungen des Privatisierungsbegriffes. So wird innerhalb der materiellen Privatisierung unterschieden zwischen einer Vermögensprivatisierung, die als problemlos gilt, und einer Aufgabenprivatisierung, die mehr oder minder originäre Staatsaufgaben zum Gegenstand hat, deren Wurzel letztlich im staatlichen Gewaltmonopol liegt. Innerhalb der formellen Privatisierung wird manchmal unterschieden zwischen einer Verfahrensprivatisierung, das ist eine Beleihung im rechtstechnischen Sinne, und einer funktionalen Privatisierung, das soll die Teilnahme von Staatsunternehmen auf wettbewerblich strukturierten Märkten sein. Ein Beispiel für ersteres ist die Übertragung der polizeilichen Aufgaben im Luftverkehr auf eine zu 100% im

Eigentum des Bundes stehende GmbH im Jahre 1992. Das Motiv war schlicht, den knapp gewordenen Fluglotsen höhere Gehälter zahlen zu können. Eine Anpassung innerhalb des Besoldungsrechts für den öffentlichen Dienst galt als unerwünscht. Man fürchtete Nachahmungsforderungen seitens anderer Beamtengruppen wie dem allgemeinen Polizeidienst. Ein Beispiel für letzteres ist die ausgedehnte Tätigkeit der öffentlichen Hand auf den Märkten für Bankleistungen (Sparkassen, Landesbanken). Bei diesen Differenzierungen geht es um ein anderes Erkenntnisinteresse, nämlich um die «Grenzen der Privatisierung». Hier steht die umgekehrte, eher ordnungspolitisch geprägte Frage im Vordergrund, nämlich nach den «Grenzen für eine privatwirtschaftliche Betätigung der öffentlichen Hand».

2 Das Problem

Worin liegt das Problem? Was sind die Zwecke, die mit einer Privatisierung von vormals als öffentlich definierten Aufgaben verfolgt werden? Diese Zwecke bleiben verknüpft mit jenen Werturteilen, welche in einer marktwirtschaftlich geprägten Wirtschaftsordnung die Aufgabenverteilung zwischen privater Gesellschaft einerseits und hoheitlich handelndem Staat in seinen verschiedenen Ausprägungen andererseits steuern.

1. Freiheitsargument

Wir schätzen eine marktwirtschaftliche Ordnung, weil sie ein Höchstmass an individuellen Handlungsfreiheiten ermöglicht. Diese umfassen auch und gerade den Bereich des Wirtschaftlichen (Gewerbefreiheit, Vertragsfreiheit). Bei einer Staatsausgabenquote von rund 50%, wie sie für die europäischen Staaten typisch ist, wird die Metapher vom Staat als Leviathan realistisch.

Nahezu jede zweite erwirtschaftete Währungseinheit wird in fiskalische oder parafiskalische Kassen geleitet.

Gewiss liess sich in den vergangenen 15 Jahren in vielen Ländern eine ausgeprägte Privatisierungsbewegung feststellen. Doch bleibt noch viel zu tun. Als Beispiel seien die Verhältnisse in Deutschland genannt: Die Stromversorgung lag ursprünglich ausschliesslich in öffentlicher Hand. Heute hat sich dieser Anteil abgebaut, er ist aber immer noch bedeutsam auf der Ebene der grossen Verbundunternehmen und auf der Verteilerebene gegenüber den Endverbrauchern. Bei letzterem dominieren kommunale Stadtwerke. Die Individualkommunikation und die Postdienste wurden einst von einer öffentlichen Anstalt vorgehalten, der Deutschen Bundespost. Ihre Nachfolgeunternehmen sind immer noch im Mehrheitsbesitz des Bundes und stellen zugleich die wichtigsten Anbieter in der jeweiligen Branche dar. Im Bankgeschäft liegt der Anteil der öffentlichen Kreditwirtschaft, gemessen an der Bilanzsumme, bei rund 50%, falls man Kreditinstitute mit Sonderaufgaben wie z.B. die Kreditanstalt für Wiederaufbau miteinrechnet. Ohne diese Teilgruppe liegt der Anteil bei etwa 36%. Im Versicherungsgewerbe decken die öffentlichrechtlichen Anbieter rund ein Drittel des Marktes ab. Während sich der Staat aus dem Luftverkehr vollständig zurückgezogen hat, dominiert er unverändert im Eisenbahnverkehr (Deutsche Bahn AG). Die gesetzliche Rentenversicherung erfasst rund 90% der Bevölkerung. Gleiches gilt für das Pflichtversicherungssystem der gesetzlichen Krankenkassen. Zu einer Reformgesetzgebung wie dem neuen Krankenversicherungsgesetz in der Schweiz, welches im Gefolge einer Volksabstimmung zum 1. Jan. 1996 wirksam geworden ist, fehlt den politischen Parteien in Deutschland die Kraft. Man wurstelt weiter mit Kostendämpfungsgesetzen und mit der Erschliessung zusätzlicher Finanzierungsquellen. Im Bildungsbereich befinden sich 98% der Studenten in öffentlichen Institutionen. Von den verbleibenden 2% studiert der grösste Teil auf kirchlichen Fachhochschulen. Die Verteilkommunikation,

Fernsehen und Hörfunk, wird unverändert von den öffentlich-rechtlichen Anstalten dominiert.

Die meisten öffentlichen Betriebe finden sich auf der Ebene der Kommunen. Man schätzt eine Zahl von etwa 100 000. Die Kette reicht von Verkehrs- und Versorgungsbetrieben über Müllabfuhr, Gärtnereien, Schlachthöfe bis zu Gaststätten und Wohnungsvermittlungen. Das grösste wirtschaftliche Gewicht kommt dabei den kommunalen Sparkassen zu.

Ausgedehnt ist schliesslich der Grundbesitz der öffentlichen Hand einschliesslich Beteiligungen an grossen öffentlichen Wohnungsbaugesellschaften. All dies sind Wirtschaftsgegenstände, die sozusagen extra commercium gestellt sind.

2. *Effizienzargument*

Wir schätzen eine marktwirtschaftliche Ordnung mit Rücksicht auf ihre überlegene allokative wie produktive Effizienz. Staatswirtschaftliche Aktivitäten erweisen sich hier in aller Regel als kontraproduktiv.

Allein für den Zeitraum von 1981 bis 1990 liegen über 40 Einzeluntersuchungen aus mehreren Ländern und über viele Branchen vor. Sie belegen das Ergebnis: Staatliche Betriebe arbeiten regelmässig unwirtschaftlicher als Privatbetriebe. Der wichtigste Grund liegt darin, dass es an dem Anreiz- und Sanktionssystem fehlt, welches mit dem Institut Privateigentum verbunden ist.

Für Privatisierung reicht es gar, wenn Private eine Aufgabe nicht viel schlechter erledigen. Dies erlaubte nämlich, die öffentlichen Abgaben zu senken. Steuern verdrängen wegen ihrer anreizschädlichen Wirkungen mehr an privatbestimmter Aktivität, als sie mittels der durch sie finanzierten Staatsausgaben an öffentlich bestimmter Aktivität ermöglichen. Entschlossene Privatisierung würde überdies eine nachhaltige Reduzierung der öffentlichen Verschuldung erlauben. Dies wäre kein Einmaleffekt, sondern könnte die Schuldenlastquote dauerhaft verringern. Effizienzhemmend sind ferner Wettbewerbsverzerrungen, wie sie mit staatswirtschaftlicher Tätigkeit häufig verbunden sind. Dies reicht von Steuerbefreiungen, wie sie etwa für die Hausmüllentsorgung als angeblich hoheitliche Wirtschaftstätigkeit von Kommunen eingreift, über das aus der Gewährträgerhaftung der Länder resultierende Triple-A der meisten Landesbanken bis hin zu einem Behinderungspotential, wie es sich aus einer Funktionspotenzierung von Eigentum und gleichzeitiger hoheitlicher Regulierung ergibt. Verwaltungskunst findet immer Wege, wenn es gilt, Konkurrenten abzuschrecken («verzögern, zu Tode prüfen»). Die öffentliche Wirtschaftstätigkeit kann ferner zu Wettbewerbsverfälschungen in sonstigen Bereichen führen. So instrumentalisieren die Länder ihre Landesbanken, die Kommunen ihre Sparkassen zu industriepolitischen Zwecken. Dies läuft über die personelle Schiene: Die Geschäftsführer haben Fünfjahresverträge und fangen am ersten Tag an, darüber nachzudenken, wie eine Fortsetzung nach Ablauf der fünf Jahre sichergestellt ist. Am wichtigsten: Sie dürfen es sich mit den öffentlichen Anteilseignern, sprich den Vertretern der Politik, nicht verderben. Gerät ein Maschinenbauer in Bielefeld in Schwierigkeiten, springt plötzlich die öffentliche Grossbank WestLB mit einer Bürgschaft ein. Beginnt der Fernsehsender Vox in Köln zu kränkeln, tritt diese Bank in den Kreis der Gesellschafter ein und befördert so die politische Zieldefinition, Köln zu einem Medienstandort zu machen. Am stärksten sind solche Einflüsse auf der kommunalen Ebene, namentlich beim Erwerb von Grundstücken und bei sonstigen Begünstigungen in der Finanzierung. Hier besteht eine riesige Grauzone. Den Vorteil haben in der Regel eher die grösseren Unternehmen, was wiederum den Wettbewerb zulasten der kleineren verzerren muss. Insgesamt ist Privatisierung neben Deregulierung und Entbürokratisierung ein zentrales Element, um die

Investitions- und damit Arbeitsbedingungen an einem Wirtschaftsstandort zu verbessern. Der Umstand, dass heute im Mobilfunkbereich mit Nokia und Ericsson ein finnisches und ein schwedisches Unternehmen zur Spitzengruppe auf dem Weltmarkt gehören, mit allen Folgewirkungen für die Schaffung von Arbeitsplätzen, hängt auch damit zusammen, dass die Liberalisierung der Fernmeldewesens in jenen Ländern früher angepackt wurde als z.B. in Deutschland oder auch in der Schweiz.

3. Demokratieargument

Wir schätzen eine marktwirtschaftliche Ordnung, weil die Überantwortung wirtschaftlicher Austauschprozesse in den Bereich der Gesellschaft einen wesentlichen Beitrag zu einer horizontalen Gewaltenteilung in einem Gemeinwesen leistet, auf dass nicht die eine Seite zum Knecht der jeweils anderen wird. Staatliche Wirtschaftstätigkeit führt dagegen zu einer Akkumulation von politischer und von wirtschaftlicher Macht. Ausdruck dieser Verbindung ist das verbreitete Phänomen des Filzes zwischen politischen Entscheidungsträgern und öffentlichen Unternehmen im weitesten Sinne. Man sollte die Langzeitrisiken dieses Phänomens nicht unterschätzen.

4. Rechtsstaatsargument

Wir schätzen eine marktwirtschaftliche Ordnung schliesslich, weil sie ein System abstrakt-genereller Regeln und entsprechende dezentrale Konfliktlösungsmechanismen ermöglicht. Privateigentum und individuelle Vertragsfreiheit sind die wichtigsten Beispiele dafür. Nicht politisch-diskretionäre ad hoc-Entscheidungen, sondern Entscheidungen nach allgemeinen Rechtsregeln geben das Leitbild. Jene intransparente Gemengelage verschiedener Interessen, wie sie bei staatlicher Wirtschaftstätigkeit allzu häufig auftritt, entfernt sich auch davon. Im schlimmsten Falle sitzen Spieler, Schiedsrichter und Regelaufsteller in einem Boot. Aus eben diesem Grunde verlangen das europäische Gemeinschaftsrecht wie das WTO-Übereinkommen aus dem Jahre 1997 zur Liberalisierung der Telekommunikationsdienstleistungen: Eine staatliche Regulierungsbehörde muss unabhängig sein, d.h. sie darf nicht Weisungen des übergeordneten Ministeriums im Einzelfall ausgesetzt sein, solange die dominante Telekommunikationsorganisation zugleich unter dem bestimmenden Einfluss des Staates als Eigentümer steht.

3 Gründe von Privatisierungsgegnern

Auf die wichtigsten Argumente von Privatisierungsgegnern sei kurz eingegangen:

Zu den originären Staatsaufgaben gehört die Bereitstellung – nicht notwendigerweise die Herstellung – von öffentlichen Gütern. Dies sind solche, «für die entweder die doppelte Bedingung erfüllt ist, dass der Gebrauch durch den einen nicht mit dem Gebrauch durch einen anderen rivalisiert *und* – deshalb – niemand vom Gebrauch ausgeschlossen werden soll (was sich nicht von selbst versteht), oder die einfache Bedingung, dass aus tatsächlichen Gründen ein Ausschluss vom Gebrauch unmöglich oder jedenfalls unwirtschaftlich ist. Dies führt dazu, dass solche Güter auf Märkten nicht oder nur in unzureichendem Masse angeboten und nachgefragt werden» (Deregulierungskommission). Individuelle und kollektive Logik decken sich nicht. Man spricht von Marktversagen. Die geschilderten vielfältigen Wirtschaftstätigkeiten der öffentlichen Hand gehören nicht in diese Kategorie. Ein Sonderfall ist das natürliche Monopol. Davon spricht man, wenn ein einziger Anbieter die gesamte Marktnachfrage nach einem Gut kostengünstiger befriedigen kann als mehrere oder viele. Dies kann auf technischen oder organisatorischen Gründen beruhen. Es gibt nur wenige Fälle, in denen wirklich unstreitig geblieben ist, dass ein solches natürliches Monopol vorliegt. Die Erfahrung zeigt, dass es gegenüber staatlicher Wahrnehmung weniger schädliche institutionelle Arrangements gibt. Wenn Wettbewerb im Markt ausscheidet, kann Wettbewerb um den Markt sinnvoll bleiben. Zeitlich befristete Konzessionierung ist ein Beispiel. Private Wahrnehmung unter staatlicher Aufsicht – dies ist in solchen Fällen das in den USA verbreitete institutionelle Arrangement – ist eine weitere Option.

Bei so genannten meritorischen Gütern genügt eine staatliche Förderung privater Bereitstellung. Eines unmittelbaren staatlichen Angebots bedarf es nicht.

Besonders inferior ist eine Rechtfertigung staatlicher Wirtschaftstätigkeit mit der Begründung, öffentliche Unternehmen sollten eine Preispolitik nach sozialen Gesichtspunkten treiben. Dies «nimmt ihnen die Möglichkeit zu marktwirtschaftlicher Rationalität und die (meist) damit begründete Abschirmung gegen Wettbewerb dann auch noch den Zwang dazu. Keine Sozialpolitik ist teurer als die mit Ineffizienz bezahlte» (Kronberger Kreis).

Auch das Ziel der Einkommenserzielung ist schwach fundiert. Aufgrund der regelmässig höheren Effizienz von Privatunternehmen lässt sich für den Fiskus mit einer adäquaten Besteuerung mehr erreichen. Eine verfassungspolitische Erwägung tritt hinzu: Staatsfinanzierung über Steuern gewährleistet am ehesten eine parlamentarische und zugleich eine öffentliche Kontrolle über den Umfang der Staatstätigkeit. Die vorhin erwähnten industriepolitischen Einflussnahmen mit Hilfe öffentlicher Banken z.B. sind geeignet, das Budgetrecht der Parlamente auszuhöhlen.

Konzeptionell verfehlt ist schliesslich die Vorstellung, öffentliche Unternehmen zur Sicherung des Wettbewerbs auf einzelnen Märkten einzusetzen («Hecht im Karpfenteich»). Das Argument ist im Zusammenhang der öffentlichen Bankentätigkeit wiederbelebt worden. Unter Bedingungen eines funktionierenden Marktes ist es nicht möglich, auf Dauer einen öffentlichen Auftrag durchzuhalten. Er wird im Wettbewerb eliminiert. Ermöglicht man die Erledigung eines solchen Auftrags durch Privilegierungen wie Subvention oder Protektion, so führt dies auf offenen Märkten notwendig zu Wettbewerbsverfälschungen. Das Problemlösungsverfahren Markt wird nicht nach seiner eigenen Logik genutzt. Mit Blickrichtung z.B. Landesbanken drängt sich als Lösungsvorschlag auf: Überantwortung eines öffentlichen Förderauftrags an eine Landesentwicklungsbank ausserhalb des Geschäftsbankensektors und Privatisierung des verbleibenden grossen Kerns. Einzuräumen ist: Es lässt sich gelegentlich beobachten, dass öffentliche Kreditinstitute wie Sparkassen einen regionalen Strukturwandel, z.B. in der Landwirtschaft, «grosszügiger» begleiten, als es die Filialen einer landesweit agierenden Grossbank täten. Ähnlich verlängern solche regional verwurzelten Kreditinstitute im Einzelfall noch Kredite, wenn sich andere Banken wegen eines zu gross gewordenen Risikos verweigern. Ich sehe darin nichts Positives: Die Beeinträchtigung einer nüchternen Risikoeinschätzung aufgrund regionaler «Verbundenheiten» ist bankaufsichtlich gesehen durchaus unerwünscht. Treten solche Phänomene häufiger auf, kommt es entweder zu Kapitalvernichtung oder zu Allokationsstörungen zum Nachteil anderer kreditnachfragender Unternehmen.

Nach einer Prognos-Untersuchung vom Sommer 1998 über die Zusammenarbeit der kleinen und mittleren Unternehmen in der Schweiz mit den Banken ergaben sich, was das Verhalten von Kantonalbanken im Unterschied zu Grossbanken oder zu Raiffeisen-Banken anbelangt, insgesamt keine signifikanten Unterschiede.

4 Durchsetzungschancen einer Aufgabenprivatisierung

1. Hilfen von der Politik

In demokratischen Gemeinwesen braucht man Mehrheiten, um Privatisierungen durchführen zu können. Hier kommen zwei Strukturschwächen zusammen. Sie scheinen unausweichlich:

- Nach dem Gesetz, unter dem Politik angetreten ist, kann es für sie keine Option sein, Recht zu haben, aber Wahlen zu verlieren.
- Gruppeninteressen, die sich leichter organisieren lassen, haben eine grössere Durchsetzungschance als schwer zu mobilisierende Allgemeininteressen. Dies gilt insbesondere, wenn Gruppennachteile sofort sichtbar sind, überwiegende Gemeinwohlvorteile erst zukünftig anfallen oder in schwer identifizierbaren Zurechnungsketten versickern.

Die Mitarbeiter von öffentlichen Unternehmen, deren Privatisierung droht, pflegen Widerstand zu leisten. Sie fürchten den Abbau verbreiterter personeller Überbesetzung und den Verlust von Privilegien wie etwa von hohen Personalzusatzkosten. Der Telekommunikations- und der Postsektor ist für beides ein Beispiel.

Die Wirtschaftspolitik scheint dabei nicht immer in der Lage, ihrer Führungs- und Aufklärungsaufgabe nachzukommen. Nicht selten geht sie den bequemeren Weg, versteht sich mehr als Echo denn als eigene kraftvolle Stimme im öffentlichen Konzert. Schon an guten Wirtschaftsjournalisten herrscht allgemeiner Mangel. Wirtschaftspolitiker, die obendrein die Talente eines Wirtschaftsjournalisten haben, sind eine rare Spezies.

2. *Hilfen vom Recht*

Vom Recht sind Hilfen kaum zu erwarten. Grenzen von Verfassungswegen gibt es nur in Spurenelementen. Zwar muss jede staatliche Tätigkeit einem öffentlichen Interesse dienen. Doch sind die Anforderungen an die Ausfüllung dieses unbestimmten Rechtsbegriffes so gering, dass sie regelmässig dargetan werden können. Das Betreiben von Gaststätten gehört ebenso hierher («Ratskeller») wie die Aufnahme einer Immobilienmaklertätigkeit. Grundrechtsschutz wie der Schutz der Berufsfreiheit wird erst im Falle einer Verdrängung Privater seitens der öffentlichen Hand praktisch. Spezielle Begrenzungen für die wirtschaftliche Betätigung der öffentlichen Hand finden sich in Deutschland in den Haushaltsordnungen des Bundes wie der Länder und in den Gemeindeordnungen und Landkreisordnungen. Bei Unterschieden im einzelnen gehen sie insgesamt dahin, es müsse ein wichtiges öffentliches Interesse vorliegen, und der angestrebte Zweck dürfe sich nicht besser und wirtschaftlicher auf andere Weise erreichen lassen. Die praktische Wirkung ist bescheiden. Den beteiligten Hoheitsträgern ist ein weitreichender Beurteilungsspielraum eingeräumt. Insbesondere liegt der primäre Zweck dieser Regelungen darin, die öffentliche Hand vor finanziellen Abenteuern zu bewahren. Es geht weniger um eine sich ordnungspolitisch definierende Nachrangigkeit öffentlicher Wirtschaftstätigkeit. Ist die Interpretation der einschlägigen Norm anders, wie z.B. bei § 107 Gemeindeordnung Nordrhein-Westfalen, so tritt flugs der Gesetzgeber auf den Plan und nimmt die vorhandene Begrenzungswirkung zurück. So hat man in diesem Jahr bei der genannten Norm einen Ausnahmetatbestand für den Betrieb von Telekommunikationsleitungsnetzen einschliesslich der Telefondienstleistungen geschaffen. Die Expansion gemeindlicher Telekommunikationsunternehmen wie etwa von Net Cologne sollte nicht behindert werden. Bei der formellen Privatisierung der Flugsicherung im Jahre 1992 ist gar die Verfassung ergänzt worden, um mögliche Bedenken gegenüber der Zulässigkeit einer

Übertragung von Polizeiaufgaben auf eine GmbH im Ansatz auszuschliessen (Art. 87 d Abs. 1 Satz 2 Grundgesetz).

3. Tatsächliche Entwicklungen

Ein Stück weit kann man auf tatsächliche Entwicklungen setzen. So sind die Privatisierungen im Telekommunikationsbereich u.a. von zunehmendem internationalen Wettbewerb beeinflusst worden. Man fürchtete, ohne Anpassung des institutionellen Arrangements in dieser Schlüsselbranche zurückzufallen. Die Europäische Währungsunion zieht Neupositionierungen auf den Märkten für Bankleistungen nach sich. Es sind Zweifel möglich, ob der Sparkassensektor mit Regionalprinzip im Einlagengeschäft und der faktischen Unmöglichkeit, Eigenkapital von aussen aufzunehmen, gegenüber diesen Herausforderungen zureichend gerüstet ist.

Zu den tatsächlichen Entwicklungen zählen ferner Haushaltsnöte, welche namentlich auf der Ebene von Kommunen und kleineren Bundesländern zu Privatisierungen zwingen. So hat das Bundesland Berlin Vermögensobjekte im Wert von mehreren Milliarden DM aktiviert, darin eingeschlossen die Mehrheitsbeteiligung am Stromversorger Bewag. Für wohlhabendere Bundesländer wie z.B. Bayern stellt sich die Frage nach den Opportunitätskosten beibehaltener Unternehmensbeteiligungen. Veräussert man sie, werden beträchtliche Summen erzielt. Diese lassen sich für lohnendere Aktivitäten einsetzen wie eine Verbesserung der technischen, wissenschaftlichen und kulturellen Infrastruktur eines Landes.

Unabweisbar wird eine Rückführung staatlicher Aktivität innerhalb der sozialen Sicherungssysteme werden und damit korrespondierend eine Ausdehnung eigenverantwortlicher, privater Vorsorge. In der Rentenversicherung liegt dies an einer feststehhenden demographischen Entwicklung; die Mütter des Jahres 2025 sind bereits heute geboren. Im Gesundheitswesen liegt es an einem medizinisch-technischen Fortschritt, der extrem kostensteigernd wirkt. Vor die Alternative gestellt, sich die Zehennägel zu schneiden oder immer grössere Schuhe anzuziehen, verweigert die Politik eine klare Antwort. Irgendwann wird der Krisendruck so stark werden, dass Anpassungen schlichtweg erzwungen werden. Solches pathologisches Lernen ist häufig ein realistischer Reformweg. Er ist aber zugleich mit Abstand der teuerste.

4. Europäisches Gemeinschaftsrecht

Ein grösserer Reformdruck geht vom Europäischen Gemeinschaftsrecht aus. Eine Verständigung auf diese parakonstitutionelle Grundlage war im Jahre 1957 noch möglich, weil sie unter dem berühmten Schleier der Ungewissheit erfolgte. Kein Mitgliedsland konnte voraussehen, was sich aus den unbestimmten Rechtsbegriffen und den dilatorischen Formelkompromissen des Vertragswerkes im einzelnen entwickeln würde. Maastricht und Amsterdam waren teilweise schon ein Versuch derer, die das ordnungspolitische Spiel verloren wähnten, nachträglich die Spielregeln zu ändern.

Das Gemeinschaftsrecht, Art. 295 EG-Vertrag, lässt die Eigentumsordnung in den verschiedenen Mitgliedstaaten unberührt. Wirtschaftstätigkeit durch öffentliche Unternehmen oder durch den Staat selbst bleibt möglich. Der EG-Vertrag sieht sich zwar dem Grundsatz einer offenen Marktwirtschaft mit freiem Wettbewerb verpflichtet. Doch heisst dies im Hinblick auf öffentliche Wirtschaftstätigkeit nur, dass sich eine solche in eine Wettbewerbsordnung einfügen muss. Öffentliche Unternehmen geniessen keine Privilegien. Dies bedeutet aber zugleich: Ausserhalb des von Art. 86 Abs. 2 EG-Vertrag gezeichneten Rahmens wird ein spezifischer öffentlicher Auftrag sinnlos. Mitgliedstaaten ziehen daraus vielfach die Konsequenz, dass sie solche Wirtschaftstätigkeit aufgeben. Die materielle Privatisierung der Deutschen Lufthansa AG ist dafür ein typisches Beispiel. Insoweit kann Liberalisierung zur Privatisierung führen.

Der juristische Zusammenhang ist enger, wenn Auflagen oder eine vergleichsweise Beilegung von Rechtsstreitigkeiten eine materielle Privatisierung bedingen. Das kommt am ehesten immerhalb der Beihilfenkontrolle nach den Art. 87 ff. EG-Vertrag vor. Die Veräusserung der Bank für Gemeinwirtschaft in Deutschland durch die französische Muttergesellschaft, den staatlich beeinflussten Crédit Lyonnais, mag hier als Beleg dienen.

Eine weitere Variante diese Gedankens ist eine Spartentrennung, welche die Anwendung der Beihilfevorschriften im Einzelfall erzwingt. Sieht man mit der Kommission in der Gebührenfinanzierung des öffentlichrechtlichen Rundfunks die Gewährung einer Beihilfe, so ist sie über Art. 86 Abs. 2 EG-Vertrag nur insoweit zulässig, als damit eine besondere öffentliche Aufgabe finanziert wird. Das Angebot von Sex, Sport und Spielshows gehört schwerlich dazu. Dies bedeutet, etwas abgekürzt dargestellt: Die öffentlichrechtlichen Anstalten dürfen solche Programmteile nur über verselbständigte Tochtergesellschaften anbieten, für welche die gleichen Marktbedingungen zu gelten haben wie für ihre privaten Konkurrenten auch. Sie müssen sich über Werbung oder Pay TV finanzieren. Übernehmen sie Programmteile von ihren öffentlichrechtlichen Müttern, dürfen ihre privaten Konkurrenten nicht diskriminiert werden.

Die Beihilfevorschriften werden ferner den öffentlichrechtlichen Bankensektor verändern. Anstaltslast, also zwingender Verlustausgleich im Innenverhältnis Anstaltsträger/Kreditinstitut, und Gewährträgerhaftung, unbeschränkte Haftung des Gewährträgers im Aussenverhältnis zu Gläubigern des Kreditinstituts, verstossen gegen die Art. 87 ff. EG-Vertrag. Da Sparkassen in der

Regel an ihre Gewährträger keine Ausschüttungen und Landesbanken nur geringfügige vorzunehmen pflegen, würde ein reasonable private investor – dies ist der massgebliche Bezugspunkt – niemals eine so weitreichende Garantiezusage geben. Das Gegenargument, die Gewährträgerhaftung sei lediglich automatische Folge der gewählten Rechtsform ähnlich wie bei der unbeschränkten Haftung eines Einzelkaufmannes und wie beim persönlich haftenden Gesellschafter einer OHG, lässt ausser acht, dass die konkursunfähige öffentliche Hand insoweit ein aliud gegenüber einer natürlichen Person bildet. Möglich bleibt lediglich eine Rechtfertigung über Art. 86 Abs. 2 EG-Vertrag. Dann müssten diese Kreditinstitute einen mit besonderen Lasten verbundenen öffentlichen Auftrag erfüllen, der mit Beihilfen ausgeglichen wird. Da Landesbanken und Sparkassen weitgehend die Bandbreite an Bankdienstleistungen erbringen wie sonstige Universalbanken auch, kann davon für die Gesamtheit ihrer Tätigkeit nicht die Rede sein.

Die EU-Kommission hat am 24. November 1999 konkretisierende Leitlinien zu Art. 87 ff. EG-Vertrag veröffentlicht. Sie betreffen Bürgschaften, Garantiezusagen u.ä. Diese Leitlinien sind von genereller Art, zielen de facto freilich auf die öffentlichrechtliche Kreditwirtschaft, wie sie namentlich für Deutschland und Österreich prägend ist. Realistisch ist zu erwarten: Die betroffenen Mitgliedstaaten müssen das Beihilferegime aufheben oder vertragskonform umgestalten (sog. Alt-Beihilfen nach Art. 88 Abs. 1 und 2 EG-Vertrag). Die Kommission kann dies im Wege eines Vertragsverletzungsverfahrens gegen einen Mitgliedstaat durchsetzen. Eine erste Lösungsoption wäre eine Beseitigung dieses Haftungsregimes. Eine solche Massnahme würde den öffentlichrechtlichen Banken einen entscheidenden Vorteil im Wettbewerb mit privaten Kreditinstituten nehmen. So befinden sich in der Spitzengruppe der 25 sichersten Banken der Welt – nach der Bewertung der grossen Ratingagenturen – allein 12 deutsche öffentlichrechtliche Banken. Eine zweite Option wäre eine äquivalente

Bezahlung für eine anhaltende Garantie der Gewährträger. Eine solche Lösung ist wenig praktikabel und beeinträchtigt das Anliegen der betroffenen Kreditinstitute, ihr Eigenkapital im Einklang mit dem darauf aufbauenden Geschäftsvolumen zu halten.

Die dritte Option, eine materielle Privatisierung, würde das hier diskutierte Problem eliminieren. Da solche Privatisierung aus ordnungspolitischen wie fiskalischen Gründen heraus attraktiv erscheint, sollte man diese Lösung ins Blickfeld nehmen.

Ein unmittelbarer Zwang zur Privatisierung kann sich schliesslich aus einer Anwendung der Art. 86 Abs. 1/82 EG-Vertrag im Falle einer missbräuchlichen Funktionspotenzierung ergeben. Dies hat der EuGH u.a. für den Fall entschieden, dass ein marktbeherrschendes staatliches Telekommunikationsunternehmen zugleich Regulierungsaufgaben im Hinblick auf die eigenen Konkurrenten wahrnimmt. Dann ist, wie bereits erwähnt, eine echte materielle Trennung von unternehmerischer Tätigkeit und Aufsichtsfunktion geboten. Ein anderes Beispiel für einen strukturellen Missbrauch lag im Vermittlungsmonopol der Deutschen Bundesanstalt für Arbeit im Hinblick auf Führungskräfte, ohne dass die Anstalt dieses Marktsegment versorgen konnte oder wollte. Missbrauch und Innehabung eines ausschliesslichen Rechts, obwohl letzteres auf einem Gesetz beruhte, fallen dann nach der Rechtsprechung des EuGH zusammen. Privates Angebot musste zulässig werden.

Die hier angestellten Überlegungen münden insgesamt in eine Prognose: Der aus zahlreichen, tatsächlichen wie normativen Quellen gespeiste Strukturwandel wird weiter zunehmen. Er dürfte Notwendigkeit wie politische Möglichkeit einer Aufgabenprivatisierung herbeizwingen.

Ulrich Bremi

Blick auf die Schweiz aus unternehmerischer Perspektive

Staaten gälten, mässe man sie an unternehmerischen Massstäben, selten als gute Unternehmen. Das gilt auch in der Schweiz. Unternehmer blicken deshalb in der Regel mit einem Hauch höflicher Geringschätzung auf den Staat.

Vor diese Erwartung stelle ich eine halsbrecherische Aussage. Ich liebe dieses Land mit seinen Bewohnern, den linken und den rechten und denen dazwischen, mit seiner heute rational nicht mehr zu begründenden, aber gelebten Zusammengehörigkeit, mit seinen imposanten Leistungen und dem kollektiven Hang zur Unbedeutenheit.

Diese Zuneigung hat ihre Wurzeln in Erlebnissen und Erwartungen, die ich, weil ich eben so ein Schweizer bin, nicht gern öffentlich ausbreite, aber an den Anfang meiner Ausführungen stelle. Denn wer meine irreale Leidenschaft nicht versteht, wird auch dem sachlichen Teil meines Beitrages kaum viel abgewinnen können. Für jene ist dies denn der letzte Moment, sich mit schicklicher Begründung direkt dem Cocktail zuzuwenden. Und das ist für einen auf die öffentliche Wahrnehmung angewiesenen Funktionsträger schon eine halsbrecherische Eröffnung.

Auf die eingangs erwähnte Bemerkung, dass Staaten nicht als effiziente Unternehmen gelten, hören wir immer gleich die Belehrung, dass ein Staat eben auch nicht ausschliesslich eine wirtschaftliche Einheit sei. Sie hätten darüber hinaus noch andere und wichtigere Aufgaben zu bewältigen. Deshalb sei ein solcher Vergleich erstens nicht sinnvoll und er zeuge zweitens von einem Mangel an politischer Sensibilität. Es wird sogar unterstellt, solche Gegenüberstellungen der Leistungen von Unternehmen und staatlicher Verwaltung stellten meist jene an, die die Politik ihrem ökonomischen Nutzen unterwerfen wollten. Sie seien also Ausdruck unsolidarischer Gesinnung.

Selbst wenn, selten genug, exponierte Verantwortungsträger aus der Wirtschaft der Politik Vorschläge unterbreiten, die weit über ein Benchmarking von finanziellen Kennzahlen hinausgehen und andere langfristige Aspekte enthalten, werden einige Kritiker von der Versuchung überwältigt, sofort auf das so unerwartet im Zielhang aufgetauchte Edelwild aus den sonst unerreichbar höheren Etagen zu schiessen. Dies besonders, wenn sie damit via Auflage den verlegerischen Shareholder value steigern, den sie sonst redaktionell gar nicht mögen.

Ist ein Unternehmer oder Manager als Autor solcher Beurteilungen und Ratschläge legitimiert? Sollte er dies besser den Verbänden, den Parteien und ihren Exponenten oder der Wissenschaft überlassen?

Gerade wenn er nicht ein auf den Shareholder value reduzierter Mensch ist, *muss* er sich äussern, exponieren und als Staatsbürger mit besonderer Erfahrung zu erkennen geben. Er verfügt über Informationen und Beurteilungen, die für das ganze Land nützlich sind, nicht nur für seine Firma.

Seine Ansichten zu wirtschaftlichen, aber auch zu kulturellen und sozialen Fragen sind vielleicht weniger umfassend und ausgewogen als jene von Parteien oder Verbänden, aber sie können dafür anregender und präziser sein. Sie können das Denken in andere Richtungen lenken. Damit qualifizieren sie sich nicht nur als Staatsbürger, sondern vor allem als Führungspersönlichkeiten, die in ihrer Arbeit nicht nur die Kunden- und Kapitalmärkte erkennen, sondern sich auch in die Märkte der qualifizierten Personen und der öffentlichen Wahrnehmung integrieren wollen.

In den vergangenen Monaten sind eindrückliche wirtschafts- und sozialpolitische Programme vorgelegt worden. Erinnern wir uns an jene aus dem Finanz-, dem Volkswirtschafts- und dem Energie-Departement, an die Parteiprogramme der grossen Parteien, an jene des Vorortes und anderer Verbände, sowie an die Positionsbezüge einzelner Exponenten aus Unternehmen und Parteien. Sie reichen von den vom Bund erwarteten Kinderzulagen, genannt «Bundeskinderzulagen», bis zur Vision einer alpinen Republik der europäischen Mitte. Die gegenwärtigen internationalen Entwicklungen lassen die dazwischenliegenden wertvollen Vorschläge politisch realisierbarer erscheinen als früher. Zahlreiche Volksabstimmungen zeigen, dass die Bevölkerung neue Realitäten rascher spürt, als Behörden und Medien sie erklären können.

Es ist nicht meine Absicht, diesen Programmen ein weiteres hinzuzufügen. Vielmehr will ich versuchen, schweizerische Strategien zu suchen, an denen die Vorschläge gemessen werden können.

1 Höhere Erwartungen

Im engeren Bereich der Wirtschaftspolitik müssen sich unsere Strategien namhaft von jenen anderer Länder unterscheiden. Der Grund dafür liegt in wesentlich höheren Erwartungen und anderen Voraussetzungen:

Wir erwarten u.a.:

- die Finanzierung eines nachhaltig höheren Lebensstandardes für die aktive und die passive Bevölkerung;
- eine bessere und verlässlichere Absicherung von Alter und Krankheit;
- ein höheres Mass an persönlicher und sozialer Sicherheit, an Sicherheit der Versorgung, der Kommunikation und des Verkehrs;

- eine deutlich überdurchschnittliche Vollbeschäftigung;
- eine Spitzenstellung unserer Bildungsinstitutionen.

Gleichzeitig haben wir Handicaps zu überwinden. Ich denke an den Rohstoffmangel, das Fehlen des direkten Meeranschlusses, den sehr kleinen Binnenmarkt und die wachsende Distanz zur europäischen Union.

Vor dieser faszinierenden Herausforderung greifen Massnahmen, die nur einen isolierten Aspekt betreffen, oft zu kurz. Die generelle Reduktion der Produktionslöhne, die lauten Versuche, Arbeitsplätze für wettbewerbsschwache Produkte künstlich zu erhalten, oder der Wunsch, in allen Bereichen der universitären Forschung massgebend dabeizusein, sind Beispiele für Forderungen, die uns von den genannten Erwartungen entfernen. Ins gleiche Kapitel gehört der heute wieder sichtbare Zuzug von billigen ausländischen Arbeitskräften, um damit ein Wachstum mit tiefer Wertschöpfung auszulösen.

Auch die Auseinandersetzungen über die gerechte Besteuerung und die Verteilung der vorhandenen Arbeit auf mehr oder weniger Personen lenken uns vom dringendsten Thema ab. Wir haben primär kein Problem der Verteilung, sondern eines der Beschaffung. Die Arbeit mit nur international üblicher Wertschöpfung ermöglicht uns die Finanzierung unserer Erwartungen nicht. Die Wertschöpfung, also die Differenz zwischen allen Beschaffungskosten und dem Preis, der uns ein Kunde zu zahlen bereit ist, muss unser höheres Lohnniveau gewährleisten. Wir verdienen eben in der Schweiz unser Geld mit Arbeitskräften, die unseren Produkten am meisten Wert beifügen. Das erbringen in der Regel die qualifizierten und deshalb teuren, nicht die billigen Mitarbeiter.

Unsere strategischen Instrumente sind das Denken, das Kapital und das dazugehörige handwerkliche Können. Wir sehen es schon heute dem veränderten Antlitz unseres Landes an: Die Bedeutung der Fabrikation von Material nimmt ab, rascher als in anderen Ländern. Ältere Fabriken stehen leer.

Wir brauchen also mehr Menschen, die ihre Arbeit täglich im Kopf und nicht im Lagerhaus beginnen und die den faszinierenden Prozess der Umwandlung von geistigem Eigentum in materielles und dann schliesslich wieder in neuartiges geistiges Eigentum suchen. Nennen Sie das, wie Sie wollen: Wertschöpfung, Produktivität, Wirkungsgrad oder Leistung. Aber erhoffen wir uns das nicht nur in den wirtschaftlichen Unternehmen, sondern auch in Spitälern, Schulen und Familien, in denen schon heute ganz besonders wertvolle Werte geschaffen werden.

Gleichzeitig muss der Staat eine Steuerstrategie verfolgen, die mit diesem speziellen unternehmerischen Konzept in ein Verhältnis der Synergien treten kann. Auch da geht es vorerst nicht um den Verteilungsstreit, sondern um die Beschaffung. Das primäre Ziel der staatlichen Finanzierung soll es sein, möglichst viel steuerbares Substrat in die Schweiz zu bringen oder hier zu generieren. Vielleicht steht hier ganz am Anfang eine psychologische Frage: Wollen wir uns an Menschen und Unternehmen mit viel Vermögen und Einkommen freuen oder ärgern? Unser Land hat einiges an Steuerpotenz verloren. Der hauptsächlichste Grund war wohl, dass wir bei der Dimensionierung von Steuern gelegentlich vergassen, dass ein Steuerwettbewerb zwischen den Staaten besteht, den wir gewinnen wollen.

Ich verkenne natürlich nicht, dass die Verteilung der Steuererträge immer zu politischen Ausmarchungen führen soll und wird, aber zuerst sollten alle künftigen Streithähne gemeinsam dafür sorgen, dass die Streitsumme steigt. In dieser Beziehung haben wir unsere tatsächlich gemeinsamen Interessen nicht optimal wahrgenommen. Im Mass, wie der Anreiz, mehr zu verdienen, durch die Steuern gedämpft wird, verliert der Staat an Mitteln.

Schliesslich gehört zu den übergeordneten Regeln des wirtschaftlichen Zusammenlebens in einem modernen Land, dass der Staat seine Hand nicht auf Produktionen legt, die die Bürgerinnen und Bürger preisgünstiger auf dem Markt kaufen könnten. Der Staat soll besondere Marktordnungen, Auflagen, Leistungsaufträge klar festlegen und kontrollieren, aber mehr nicht. Die Volksabstimmung über die rechtliche Neugründung des Flughafens Zürich war ein gutes Beispiel dafür, dass die Stimmberechtigten diesen Unterschied zwischen einem starken Staat in der Aufsicht und einem modernen Unternehmen am Markt sehr gut kennen.

Deutliche Steigerung der inländischen Wertschöpfung, Konzentration auf die Erhöhung des Steuersubstrates und die vorurteilslosere Trennung zwischen staatlichen und privaten Aufgaben werden allen Teilen unserer Bevölkerung die ausserordentlich hohen materiellen Erwartungen erfüllen können.

2 Der Wille zum Lernen

Die Beschreibung eines zweiten Feldes von strategischer Bedeutung enthält Risiken für Missverständnisse, aber damit auch die Chancen, etwas auszulösen. Sie folgt aus dem vorher erwähnten Zwang zu einem hohen Preis-Leistungs-Niveau. Dort oben geht alles schneller. Die Lebenszeit von Produkten reduziert sich ohnehin, bei uns aber noch rascher. Wissenschafter beweisen uns dies an praktischen Beispielen und ziehen die Folgerung, dass sich damit auch die Lebenszeit der existierenden Arbeitsplätze und die Gültigkeit des bestehenden Wissens reduziert. Wir alle spüren, dass dies stimmt und dass sich diese Dynamik beschleunigt, auch wenn es nicht leicht ist, sie in allgemein gültige Zahlen zu fassen.

Die unmittelbarste Konsequenz aus dieser Entwicklung ist der grosse Wechsel an Arbeitsplätzen. Alte Plätze verlieren ihre

Wertschöpfungskraft und sollten nicht künstlich gestützt werden. Neue Arbeitsplätze entstehen. In der Statistik ist dieser Prozess saldiert positiv und deshalb kaum ein Thema. Aber da führt uns die Statistik in die Irre. Wenn hunderttausend alte Arbeitsplätze in der Schweiz aufgehoben und hunderttausend neue geschaffen werden, betrifft das nicht die gleichen Leute. Die Neubeschäftigten bringen heutiges Wissen und Können, und wir rekrutieren sie aus der ganzen Welt. Sie bringen den notwendigen Sauerstoff in unsere Unternehmen. Unter jenen, deren Arbeitsplatz hat aufgehoben werden müssen, sind solche, die zwar Erfahrung gesammelt haben, aber nicht mehr gewohnt sind, zu lernen. Sie finden nur schwer eine neue Stelle. Hier steckt eine Dynamik, die zu schlimmen sozialen Ausgrenzungen und Spannungen führt, wenn das Land, seine Behörden und seine Unternehmen nicht aktiv werden.

Erwarten Sie nun den Hinweis auf die Bedeutung unseres Bildungssystems, auf den hohen Stand unserer Grund-, Mittel-, Berufs- und Hochschulen? Ich will dies gern bestätigen und auch hoffen, dass zwischen privater Initiative und Trägerschaft und dem «service public» in Zukunft die Synergien, nicht die Allergien gesucht werden. Dass die Risiken der genannten Dynamik aber auf einer anderen Ebene liegen, zeigt die Beobachtung, dass auch hervorragende Absolventen hervorragender Schulen unter denen zu finden sind, die nicht mehr gewohnt sind, Neues zu lernen. Wir Älteren fühlen uns zum Lehren oft eher hingezogen, als zum Lernen.

Bildung ist eine unabdingbare Voraussetzung für die Wohlfahrt in unserem Land, aber keine hinreichende. *Für unsere strategischen Ziele ist der Wille zum Lernen entscheidender als das Niveau von Intelligenz oder Bildung.* Die Schule, die ihre Schüler wunderfitziger, neugieriger und vielleicht auch etwas unangepasster entlässt, als sie sie angetreten hat, hilft uns mehr zur Erreichung unserer ausserordentlichen nationalen Ziele, als jene, die sich eher auf das hervorragende Speichern und Abrufen von bestehendem Wissen und Können konzentriert. Die beste nachhaltige Methode gegen Arbeitslosigkeit ist der Lernwille und die Einsicht, dass *Lernen für Erwachsene primär eine Holschuld des Einzelnen und nicht eine Bringschuld des Staates ist.*

Der Elitebegriff beinhaltet heute wohl, neben der Erziehung, zentral diese Lerngeschwindigkeit, und deshalb gibt es Eliten auf allen sozialen Stufen. Sie sind kein Privileg mehr für gut Ausgebildete. Es ist wohl notwendig, beizufügen, dass wirklich neugierige Menschen dies nicht nur in einer Richtung sind, sondern wirtschaftlich, kulturell und politisch hinhören. Sie sind weder zu den Generalisten, noch zu den Spezialisten zu zählen, sondern eben zu den Multi-Spezialisten.

Um unsere strategischen Ziele zu erreichen, brauchen wir einen Schub über die traditionelle Bildung und auch über die traditionelle Motivation hinaus zur Inspiration. Sonst sinkt unser Niveau auf die Normalität ab.

3 Direkter Zugang ausländischer und politischer Märkte

Als drittes Element weise ich auf eine schweizerische Besonderheit hin, die wir noch bewusster einsetzen können. In unserer direkten Demokratie hat der Begriff «Staat» eine etwas andere Bedeutung als bei unseren Nachbarn mit einfacheren, wenn auch nicht immer irritationsfreien politischen Führungssystemen. Das Referendum macht unsere Stimmbürger in einem sehr viel höheren Mass zum «Staat», als dort, wo Regierungen, Parlamente, Gerichte und Verwaltungen weitgehend allein entscheiden. Im «politischen Markt» hat die Basis sehr direkten und zeitlich unverzögerten Einfluss.

Gleichzeitig sind wir das Land mit den (pro rata) weitaus grössten Auslandinvestitionen. Die ausländischen Märkte beeinflussen uns rascher und heftiger, als in anderen Ländern. Ausländische Investoren und Verbraucher haben sehr direkten Zugang zu unseren wirtschaftlichen Entscheidungszentren.

Aus dieser *Verknüpfung von direkter Demokratie und vitaler Verbindung zu den globalen Märkten* resultiert ein ganz besonderer Selbstregulierungseffekt, der eigentlich noch wenig erkannt ist. Unsere regulatorischen und gesetzgebenden Gewalten spüren die Drücke sowohl der Stimmbürger, als auch der Konsum- und Investitionsmärkte ungebremster als in anderen europäischen Staaten. Ist das ein Vorteil oder ein Nachteil?

Man kann beides damit machen. Es wird zum Nachteil, wenn die Behörden dadurch unentschlossen, ängstlich und unsicher werden. Äussere Zeichen dafür sind, dass statt Entscheide lediglich Kataloge von Szenarien und Varianten erarbeitet werden und «alle Optionen offen bleiben». Damit dominiert die Angst vor Fehlern, und es gewinnt die Mentalität des Reagierens, der Rückzug in die Rezepte der Vergangenheit und das Gefühl, mehr verlieren als gewinnen zu können.

Aus unseren überdurchschnittlich direkten Zugängen zu politischen und wirtschaftlichen Märkten könnten wir Synergien in der Form von Steuerungsprozessen ableiten, die wir dringend brauchen.

Wir zögern Entscheide hinaus, solange wir nicht ganz sicher sind, wie es herauskommt. Das ist an sich eine sympathische Verhaltensregel. Nur wissen wir im beruflichen, privaten und politischen Leben sowieso nicht, was von aussen auf uns zukommt. Deshalb sollen wir neben die bestmögliche, aber immer imperfekte Entscheidungsgrundlage ein System der Steuerung, der nachträglichen Korrektur, der kontinuierlichen Einflussnahme stellen. Das haben wir in den Unternehmen seit den Grenzöffnungen von 1989 wieder gelernt. Der Staat traut sich das oft nicht zu.

Gerade hiefür stehen unserem Land mit den doppelten Marktzugriffen besonders gute Instrumente zur Verfügung, wenn wir sie gemeinsam einsetzen würden. Die Dichte von hervorragenden und aktuellen Informationen ist in unserem Land beeindruckend. Wir wüssten sie wohl auch zu nutzen, wenn wir uns einerseits gegenseitig, Wirtschaft und Staat, eine Fehlertoleranz eingestehen und andererseits die Kraft zu Korrekturen zumuten würden.

So könnten wir unsere Eigenarten als Beschleuniger und damit als Vorteil einsetzen. Ich glaube, dass wir in früheren Generationen diesbezüglich erfolgreicher waren. Wenn eine Historikerkommission das herausfände, könnte sie uns diesmal helfen, die Zukunft zu bewältigen.

4 Unausgenützte schweizerische Reserven

Schliesslich steckt in unserem Land ein erhebliches Wachstumspotential in der Heilung einer merkwürdigen Krankheit. Fast alle Landsleute fühlen sich in ihrem Fach nicht verstanden.

Wir Unternehmer beklagen, dass die anderen die wirtschaftlichen Zusammenhänge nicht verstünden. Die Politiker belächeln die Ahnungslosigkeit der Manager in Fragen der politischen Prozesse. Wissenschafter bedauern, dass es ihnen nicht gelingt, das Volk über die Gene oder die Atome oder die Hedgefonds aufzuklären. Die arbeitsteilige Welt hat dazu geführt, dass unser Wissensvorsprung offenbar fast zu gross ist, um durch Kommunikation ausgeglichen zu werden. Wir leiten daraus zu Recht die Gefahr ab, uns und unsere Erkenntnisse zu isolieren. Wir spüren die Verpflichtung zu sprechen, zu belehren, zu informieren, damit die anderen uns richtig wahrnehmen.

So denken nicht nur jede Branche der Wirtschaft, sondern auch die Ämter, die Schulen, die Ärzte, die Krankenschwestern, ihre Patienten, die Romands, die Bergbauern und die Kirchen. Ich auch, sonst stünde ich nicht hier. Schadet das unserem Land? Ja, es schadet!

Jede und jeder zieht sich in seine Rolle zurück, fühlt sich dem Land gegenüber nur noch begrenzt verantwortlich, reduziert seinen Beitrag und trägt zum Wachstum, zum geistigen, zum seelischen und zum wirtschaftlichen Wachstum immer weniger bei. Er ist in keiner Partei, er leistet keinen freiwilligen Dienst, weder militärisch noch zivil. Er sucht seine engsten Artgenossen, um mit ihnen und einem PR-Berater zu besprechen, wie man die ignorante Öffentlichkeit auf ihre Anliegen aufmerksam machen könnte.

Das ist eine Verschwendung. Wir suchen Wachstum an Qualität und Quantität in allen Disziplinen. Gleichzeitig beziehen wir kaum mehr die Hälfte der Bevölkerung in diese Prozesse ein. Die Überbeschäftigten haben vergessen, welche Rolle die Langeweile in der Schweiz spielt. Die Unternehmen sind nicht speziell aufgerufen oder geeignet, dieses Potential zu aktivieren, aber die Unternehmer schon, zusammen mit allen anderen Überbeschäftigten.

Wenn es uns nur gelänge, die Teilnahme «chic'er» zu machen, als die Zuschauerrolle, Anreize auf allen Ebenen des sozialen und wirtschaftlichen Lebens zu geben. Damit würden wir einen tiefgreifenden Wachstumsschub auslösen.

Und wie soll dieser Impuls entstehen? Ich schlage vor, dass die Unternehmenskader, die Verbandskader, die Meinungsführer aller Bereiche ebenso aggressiv fragen und zuhören, wie sie informieren und überzeugen. Wir schaffen ein besseres Klima der Inspiration durch unser Interesse an anderen Positionen, als nur durch das Wiederholen der unseren. *Wer gefragt wird, ist wahrgenommen, nicht wer spricht.* Und wer wahrgenommen wird, trägt bei. Es wird uns gelingen, unsere wirtschaftlichen Anliegen verständlich zu machen, sobald wir uns für andere Lebensbereiche unseres Landes wirklich interessieren. Unsere schweizerischen Wachstums-Hemmungen liegen eben auch im emotionellen Bereich, den wir, weil wir eben Schweizer sind, nicht gern öffentlich ausbreiten.

STAATSAUFGABEN UND WIRTSCHAFTSFREIHEIT

Wissenschaftliches Symposium

mit Repräsentanten von Wissenschaft, Wirtschaft und Politik
4. Februar 2000, Universität Zürich

Trägerschaft:
- Institut für Auslandforschung, (SIAF)
- Institut für Politikwissenschaft der Universität Zürich
- Zentrum für Internationale Studien von ETH und Universität Zürich (CIS)

Symposiumsbericht: Lukas Guyer
Christian Hirschi
Christian Moser

Teilnehmer:

Prof. Dr. Klaus Armingeon	Universität Bern
Irene Autolitano	CIS
Prof. Dr. Thomas Bernauer	CIS
Prof. Dr. Silvio Borner	Universität Basel
Dr. Dominique Candrian	Electricity Investment Company
Manfred Elsig	CIS
Stadtpräsident Josef Estermann	Stadtpräsident von Zürich
Dr. Peter A. Fischer	Wirtschaftsredaktion der Neue Zürcher Zeitung
Ständerätin Erika Forster-Vannini	Eidgenössisches Parlament
Daniel Günther	CIS
Lukas Guyer	Politikwissenschaft Universität Zürich
Dr. Barbara Haering	Econcept AG Wirtschafts- & Politikberatung
Christian Hirschi	Politikwissenschaft Universität Zürich
Prof. Dr. Riccardo Jagmetti	a. Ständerat und Präsident SVV
Prof. Dr. Gebhard Kirchgässner	Universität St. Gallen
Prof. Dr. Ulrich Klöti	Politikwissenschaft Universität Zürich
Prof. Dr. Dr. h. c. Hans Künzi	a. Regierungsrat
Dr. Sandra Lavenex	CIS
Prof. Dr. Willy Linder	ehem. Leiter der Wirtschaftsredaktion NZZ
Prof. Dr. Hermann Lübbe	Universität Zürich
Dr. Adriano Lucatelli	Credit Suisse
Erika Meins	CIS
Max Michel	Mitglied der Geschäftsleitung SAirGroup
Martin Monsch	Schweizerische Zentrale für Handelsförderung OSEC
Christian Moser	Politikwissenschaft Universität Zürich
Prof. Dr. Jakob Nüesch	Universitätsrat
Dr. Markus Rauh	Präsident des VR Swisscom AG
Yvonne Rosteck	CIS
Prof. Dr. Dieter Ruloff	CIS
Dr. Thomas Schlieper	Kilchberg
Jazmìn Seijas	CIS
Vit Styrsky	CIS
Dr. Rolf Tanner	MS Management Service AG, ST. Gallen
Prof. Dr. Klaus von Beyme	Universität Heidelberg
Prof. Dr. Peter Waser	a. Rektor der Universität Zürich
Prof. Dr. Rolf H. Weber	Europa Institut Zürich
Dr. Bernhard Weilharter	Arthur D. Little
Prof. Dr. Andreas Wenger	CIS
Thomas Widmer	Politikwissenschaft Universität Zürich

Teil 1:
«Privatisierung: Chancen und Schwierigkeiten»

Referat von Dr. Markus Rauh
(Präsident des VR, Swisscom AG)

Swisscom – ein ehemaliger staatlicher Regiebetrieb im freien Markt

Damit eine Privatisierung überhaupt stattfinden kann, muss zuerst eine Liberalisierung vorangegangen sein. Die *Liberalisierung in der Schweiz* ist sehr mühsam vorangeschritten. Die Schweiz musste im Bereich der Telekommunikation im Vergleich mit anderen Ländern sogar den grössten Effort leisten. Was hat diese Liberalisierung des Telekommunikationsgeschäfts nun aus heutiger Sicht gebracht? Was den Gewinn der Liberalisierung betrifft, stehen drei Errungenschaften im Vordergrund:

- Durch die Marktöffnung sind 300 neue Firmen entstanden, welche insgesamt ca. 25 000 neue Stellen geschaffen haben.
- Die neue Wettbewerbssituation im Telekommunikationssektor und der damit verbundene Kampf der Unternehmungen um Kundschaft hat der Werbebranche grosse Aufträge beschert.
- Schliesslich hat man heute eine bessere Infrastrukturnutzung.

Die Swisscom hat im Hinblick auf die Liberalisierung eine sogenannte «Regulierungslandschaft» entwickelt, worin das Verhältnis der Unternehmung zu verschiedenen das Handeln der Swisscom tangierenden Instanzen überprüft wurde.

Man muss sich im Klaren darüber sein, dass eine Liberalisierung nicht einfach nur eine Deregulierung mit sich bringt, sondern den Marktteilnehmern auch neue Fesseln auferlegt werden. Ein neuer Regulationsbereich, welcher aufgrund der veränderten Ausgangslage mit mehreren Telekommunikationsanbietern entstanden ist, ist die IC-Preisregelung. Sie legt fest, in welcher Form ein Konkurrent der Swisscom deren Infrastruktur für das Anbieten von Telekommunikationsdienstleistungen benutzen darf und wie viel er für diese Nutzung bezahlen muss. Werden die IC-Preise international verglichen, so wird ersichtlich, dass die Swisscom hier in ein enges Preiskorsett eingebunden ist. Die schweizerischen Preise gehören in diesem Bereich zu den niedrigsten in Europa.

Zur Illustration der derzeitigen *Situation der Swisscom* präsentiert Rauh einige Fakten:

- Das *traditionelle Kerngeschäft* der Swisscom, die Telephonie, hat sich in den ersten beiden Jahren der Liberalisierung stark verändert. Die Swisscom weist heute folgende Marktanteile auf:
  24% Nahverkehr,
  12% Fernverkehr,
  15% International.

Mit diesem Einbruch der Marktanteile in der traditionellen Telephonie hat die Swisscom nicht gerechnet. Zum Glück für den Geschäftsgang der Swisscom gibt es *neue Kerngeschäfte:* Insbesondere die Mobiltelephonie befindet sich derzeit in einem enormen Aufschwung (30% Wachstum pro Jahr). Daneben wird der Data- und Multimedia-Bereich immer wichtiger. Die Marktanteile der Swisscom in diesen beiden Kerngeschäften sehen derzeit wie folgt aus:
23% Mobiltelephonie,
9% Data/Multimedia.

Für beide Märkte wird für die nächsten Jahre ein starkes Wachstum prognostiziert. Bei der Mobiltelephonie beträgt die sogenannte Penetrationsdichte heute rund 40%. Für die Zukunft wird davon ausgegangen, dass sie auf über 100% steigen wird. Die Penetrationsdichte bezeichnet jene Grösse, mit welcher die Durchdringung des Marktes zum Ausdruck gebracht wird. Sie wird gemessen mit der Verbreitung eines Produktes als Anteil an der ‹atmenden› Bevölkerung, schliesst somit Kleinkinder und Betagte mit ein, was den Umfang des erwarteten Wachstums noch eindrücklicher erscheinen lässt.

Es sind verschiedene Herausforderungen, welche sich der Swisscom in der aktuellen Situation stellen. Bevor Rauh diese detailliert präsentiert, bringt er sein Unbehagen über die schwierige Ausgangslage der Swisscom als ehemalige Monopolistin zum Ausdruck und meint pointiert: «Jeder Staatsbetrieb ist per definitionem zu teuer.» Das Arbeiten in den Swisscom-Strukturen hat sich denn auch als schwierig herausgestellt. Die momentanen Herausforderungen liegen vor allem in zwei Bereichen:

- Die Anpassung der alten Kostenstrukturen ist sehr anspruchsvoll und schwer zu realisieren.
- Die Personalkosten machen heute noch 21% der Gesamtkosten aus. Dieser Anteil sinkt derzeit zu langsam, Korrekturen sind aber aus verschiedenen Gründen sehr schwierig.
  1) Mit den Gewerkschaften ist ein maximaler Abbau von 4 000 Stellen ausgehandelt worden, welcher nicht ohne weiteres vollzogen werden kann.
  2) Asymmetrische Gehaltsanpassungen stossen auf Widerstände.
  3) Es hat weiter ein ‹Skill-Change› stattgefunden.
  4) Schliesslich ist die Retention anspruchsvoll.
- Die Betriebskosten belaufen sich auf 19% und bleiben auf diesem Niveau konstant. Gestiegen sind die Kosten für Engagements von Beratern, zudem ist der Werbeaufwand massiv höher als früher. Die Swisscom hat heute ein Werbebudget von einer Milliarde Franken.
- Die Abschreibungen sind rückläufig.

Dennoch: Insgesamt muss die Privatisierung der Swisscom durchaus als Erfolgsgeschichte beschrieben werden. Insbesondere zwei

Hauptvorbehalte, welche im Parlament der Privatisierung gegenüber angebracht worden waren, haben sich nicht bewahrheitet. Die Grundversorgung im Telekommunikationsbereich ist nach wie vor gewährleistet. Zum Diskussionspunkt des Arbeitnehmerschutzes gilt es festzuhalten, dass keine einzige Kündigung ausgesprochen worden ist. Die zweite grosse Herausforderung war der Börsengang der Swisscom: *Shareholders und Analysten* sind zu Beginn der Börsenkotierung zufrieden gewesen, in den vergangenen Monaten hat die Swisscom-Aktie im Vergleich mit denjenigen von anderen ehemaligen Monopolisten (Deutsche Telekom, British Telecom u.a.) hingegen schlecht abgeschnitten. Nach dem IPO am 4. Oktober 1998 haben die Swisscom-Titel eine gute Performance gehabt, seit dem 1. Januar 1999 muss aber leider von einer Verschlechterung gesprochen werden. Diese Situation ist natürlich unbefriedigend.

Rauh stellt in diesem Zusammenhang die Frage nach der Beteiligung des Bundes an der Swisscom. Insbesondere bei Auslandgeschäften ist es zweifelhaft, ob in diesen Geschäftsfeldern, bei denen die Grundversorgung nicht tangiert ist, der Bund nach wie vor das Risiko mittragen und deshalb mitbestimmen soll. Es ist für die Swisscom wichtig, auch auf dem europäischen Markt Fuss fassen zu können. Hier ist das geltende Recht aber hinderlich. Eine Spezialgesetzgebung ist zu Beginn einer Privatisierung sicherlich sinnvoll, wenn es darum geht, einen ehemaligen Regiebetrieb in eine private Unternehmung zu überführen. Dann muss diese aber wieder beiseite geschafft werden.

Diskussion

Barbara Haering stellt dem Referenten die Frage, ob die Zahl von 4000 Stellen, welche als Obergrenze für den Stellenabbau definiert wurde, aus heutiger Sicht noch immer realistisch sei oder ob darüber hinaus in Zukunft noch mit einem weiteren

Stellenabbau zu rechnen ist. Zudem widerspricht sie Rauhs Argument, dass insbesondere die Spezialgesetzgebung des Bundes für wirtschaftliche Einbussen der Swisscom verantwortlich sei. Die Swisscom auf dem Markt zu behindern und so zu Einbussen zu bringen, kann nicht im Interesse des Bundes sein. Schliesslich geht es der öffentlichen Hand dann gut, wenn es auch den übrigen *Shareholders* gut geht.

Hinsichtlich eines Stellenabbaus, der die 4000 ausgehandelten Stellen übersteigt, möchte sich **Markus Rauh** nicht äussern. Diese 4000 Stellen sind mit den Gewerkschaften ausgehandelt worden. Er sei zum heutigen Zeitpunkt nicht bereit, darüber hinaus bereits einen allfälligen weiteren Stellenabbau zu diskutieren. Rauh wirft zudem die Frage auf, ob Verhandlungen mit der Arbeitnehmerschaft in Zukunft nicht besser weg von den Gewerkschaften, hin auf die Ebene von Betriebsräten verlagert werden sollten. Zur Frage der Rolle der Spezialgesetzgebung meint Rauh, dass die Politik selbst wissen muss, ob sie am Risiko bei Auslandinvestitionen teilhaben will oder nicht. Seinerseits betont er, dass diese Auslandinvestitionen über die Grundversorgung und damit den *Service Public* der Swisscom hinaus gehen, weshalb eine Beteiligung des Bundes nicht unbedingt erforderlich ist.

Jakob Nüesch möchte auf die «provozierende Aussage» zurückkommen, der Staat als Unternehmer sei *schlechthin* zu teuer, und fragt nach den Kriterien.

Rauh erläutert, dass im Telekommunikationsbereich die Produkteinnovation die treibende Kraft ist. Sie ist entscheidend, da der ganze Sektor einem grossen Wandel unterworfen ist. Die Swisscom hat vor ihrer Privatisierung 17 Geschäftsstellen betrieben, und dies in erster Linie aus politischen Gründen. Diese dezentrale Aufstellung bewirkte jedoch z.T. auch eine Versiebzehnfachung der Kosten, was sich aus betriebswirtschaftlicher Sicht als grosses Problem herausgestellt hat.

Referat von Dr. Bernhard Weilharter

(Associate Director, Arthur D. Little)

Deregulierung des Strommarktes in der Schweiz – Probleme und Perspektiven

Im Gegensatz zum Telekommunikationsbereich steht dem Stromsektor die Deregulierung noch bevor, nimmt Bernhard Weilharter Bezug auf das Referat seines Vorredners und fügt hinzu, dass in der Elektrizitätswirtschaft hingegen nicht – wie im Falle der Swisscom – bloss ein bisher staatlicher Betrieb in den liberalisierten Markt entlassen wird, sondern man hier mit 1 000 Monopolisten konfrontiert ist. Hinzu kommt, dass der Strommarkt ein stagnierender oder sogar rückläufiger Markt ist. Weshalb kommt es in diesem Markt überhaupt zu einer Deregulierung? Weilharter verdeutlicht den Handlungsbedarf in der Elektrizitätswirtschaft, indem er den bisherigen Strommarkt dem heutigen gegenüberstellt:

- *Bisher* ist der Strommarkt durch den Aufbau der Netze und Kraftwerke gekennzeichnet gewesen, um den rasch zunehmenden Bedarf an Elektrizität zu decken. Dieser Aufbau ist bekanntlich zur Staatsaufgabe erklärt worden. Anschliessend hat die Sicherung dieser Infrastruktur im Vordergrund gestanden, um den Versorgungsauftrag langfristig zu erfüllen. In den Unternehmen erfolgte eine direkte Umsetzung der politischen Vorgaben. Der bisherige Strommarkt hat sich dadurch ausgezeichnet, dass alle Kosten auf die Stromverbraucher übertragen worden sind.
- *Heute* weist der Strommarkt Überkapazitäten auf. Die Versorgungsqualität ist höher als das Kundenbedürfnis. Zudem hat die Schweiz heute die höchsten Industriestrompreise Europas, bei den Strompreisen für die privaten Haushalte liegt sie an vierter Stelle.

Die momentane Änderung des Gesetzrahmens und der einsetzende Wettbewerb führen zu einem grundsätzlichen Wandel in der Elektrizitätswirtschaft. Es geht dabei darum, die heute integrierten Geschäfte zu entflechten. Weilharter nennt für diese Entflechtung vier Grundprinzipien:

1) Produktion, Transport und Endverteilung sind zu trennen.
2) Es muss ein Recht auf Durchleitung bestehen,
3) Gebietsmonopole dürfen nicht zulässig sein.
4) Schliesslich braucht es auch Wettbewerb innerhalb der einzelnen Geschäfte.

Die *Entwicklungsschritte* eines liberalisierten Strommarktes sind aufgrund von Vergleichsmöglichkeiten bereits heute relativ genau vorhersehbar:

Der ursprünglich monopolistische Markt wird über die Entwicklungsstufe einer beginnenden Liberalisierung mit einem zwischenzeitlichen Lawineneffekt allmählich ein gezieltes Wachstum aufweisen und schliesslich in einen freien Markt münden. Der *monopolistische* Markt bot den Kunden zwar eine 100%ige Versorgungsqualität sowie keine «Preisüberraschungen», der Kunde war jedoch ein «unsichtbarer Kunde». Die Behörden haben vorausgeschaut, sie achteten auf Sozialverträglichkeit und waren als industriefreundlich einzuschätzen. Die Aktionäre profitierten von gesicherten Dividenden und trugen ein kleines Risiko. Die Mitarbeiter hatten Langzeitstellen, eine angemessene Bezahlung und ein stabiles Arbeitsumfeld. Wettbewerber gab es natürlich keine. In der *beginnenden Liberalisierung* werden nun vorerst nur wenige Kunden von einer freien Wahl des Versorgungsträgers profitieren. Es herrscht eine anfängliche Verwirrung. Bei den Behörden wächst die Kundensympathie; es setzt eine «proaktive Gesetzgebung» ein, und man ist zunehmend offen für Nischenspieler. Die Aktionäre glauben weiterhin an die «historische Performance». Ebenso bleiben die Mitarbeiter nach wie vor den traditionellen Regeln verhaftet. Es entstehen in dieser Phase jedoch neue Wettbewerber, das Preisniveau sinkt allmählich. Das ist die Situation, in der sich die Schweiz heute befindet. Es stehe der Schweiz nun ein *Lawineneffekt* bevor, gibt sich Weilharter überzeugt. Die Erwartungen der Kunden werden steigen, die Kunden werden «abwandern» und erste Bedenken bezüglich der Versorgungsqualität äussern. Es ist zu erwarten, dass sich die Beziehungen zu und zwischen den Behörden verschlechtern werden. Neue Bewerber werden bevorzugt werden, Bedenken über «stranded costs» könnten angemeldet werden. Ebenfalls ist bei den Aktionären zu erwarten, dass sie wachsende Bedenken haben und einen wachsenden Aktivismus zeigen werden. Es ist von einer stärkeren Diversifizierung auszugehen. Die Anforderungen an die Mitarbeiter werden zwischenzeitlich nicht mehr mit ihren Fähigkeiten in Einklang stehen, es wird zu einer Redimensionierung kommen, Mitarbeiter werden zudem vermehrt extern rekrutiert werden. Bei den Wettbewerbern werden zu diesem Zeitpunkt die Margen fallen, sie werden sich zunehmend spezialisieren und das Kostenmanagement verstärken. Anschliessend wird dann ein *gezieltes Wachstum* möglich sein. Seitens der Kunden wird die Loyalität zu den Firmen schwinden, hingegen wird die Loyalität zu den Produkten und Dienstleistungen zunehmen. Die Behörden werden die Wettbewerber unterstützen und die Gesetzgebung so anpassen, dass der Marktzugang verbessert wird. Bei den Aktionären wird sich der Fokus auf den Cashflow und das Risikomanagement richten, es wird nach Wachstum in anderen Industrien gesucht werden. Bei den Mitarbeitern wird der Lohn den Leistungen angepasst werden, Arbeitsregeln werden sich ändern. Bei den Wettbewerbern wird es eine Konsolidierung geben, kundenspezifische Produkte und Dienstleistungen werden im Angebot sein. Die Leistungserbringung wird generell effizienter erfolgen. Die Entwicklung eines gezielten Wachstums wird schliesslich in einen *freien Markt* münden können, in welchem die Kundschaft von wettbewerbsfähigen Preisen, verbesserten Leistungen und von einer Versorgungsleistung, die konsistent mit dem Marktwert sein wird, profitieren können wird. Die Behörden werden sich in einem solchen Markt um den Schutz des Kunden und um die Verstärkung des Wettbewerbs bemühen, Aktionäre werden sich am Shareholder-Value-Konzept orientieren und dabei ein akzeptables Risiko tragen. Die Mitarbeiter werden ihrerseits die «Karriere» als Ziel haben, einen Leistungslohn bekommen und generell in ein Anreizsystem eingebunden sein. In einem freien Markt wird ein dynamischer Wettbewerb herrschen, die Wettbewerber werden um «Markenidentitätsbildung» bemüht sein.

Die Frage, die sich in der diese Liberalisierung begleitenden Beratungstätigkeit stellt, ist, wie die verschiedenen Systembrüche zwischen diesen Entwicklungsschritten zu bearbeiten sind. Für die Schweiz prognostiziert Weilharter aufgrund ihrer Ausgangslage radikale Veränderungen des Elektrizitätsmarktes. Die Veränderungen sind teilweise bereits eingeleitet. Heute hat die Schweiz über 1 000 Werke. Sie setzen sich zusammen aus ca. 100 Produzenten/Verbundwerken/Händlern, ca. 30 Kantonswerken als Verteiler sowie ca. 900 Gemeinde-/Stadtwerken. An der Mehrzahl der Schweizer Verbundgesellschaften sind europäische Energiekonzerne mitbeteiligt. Es ist eine grundlegende Neugliederung und eine Konzentration der Anbieter nötig. Ein Blick in andere europäische Länder mit liberalisierten Märkten zeigt, dass solche Konzentrationen unausweichlich sind: In Grossbritannien gibt es heute noch ca. 70 Stromunternehmen, in Skandinavien hat sich die Anzahl der Versorgungsunternehmen halbiert, in den Niederlanden ist die Zahl der Versorger von 200 auf unter 30 zurückgegangen, jene der Erzeuger sogar von 50 auf 4, in Spanien gibt es von ehemals 50 Versorgern heute noch deren 4. Im europäischen Vergleich sind in der Schweiz alle Werke zu klein. Zudem haben die ausländischen Konkurrenten einen ganz klaren Erfahrungsvorsprung. Dieser Marktdruck wirkt bereits vor dem Inkrafttreten des Elektrizitätsmarktgesetzes. Grosskunden veranlassen die Versorger schon heute zu erheblichen Preisreduktionen. Zusammen mit den herrschenden Überkapazitäten bei vielen Schweizer Stromproduzenten (wie es übrigens vor der

Liberalisierung in ganz Europa der Fall gewesen ist), der Rolle der Schweiz als Stromexportland sowie den nicht amortisierbaren Investitionen vor allem in der Produktion ist die Öffnung des Strommarktes in der Schweiz mit erheblichen Risiken für die etablierten Versorgungsunternehmen verbunden.

Für einen erfolgreichen Verlauf dieser mit verschiedenen Schwierigkeiten konfrontierten Liberalisierung stellt Weilharter Bedingungen auf, welche er als *Entwicklungshypothesen und -anforderungen* bezeichnet:

1. Nur wenige Produktions- und Vertriebsgesellschaften haben im Schweizer Markt Platz.
2. Die Verbundunternehmen müssen ihre europäischen Partnerschaften verstärken und gleichzeitig regionale und lokale Partner integrieren.
3. Die Gestaltung der schweizerischen Stromwirtschaft muss in den kommenden Monaten von den etablierten Unternehmen vorangetrieben werden; es darf nicht bloss auf Signale aus dem Ausland gewartet werden.
4. Es ist ein klares Bekenntnis der etablierten Versorger zum Markt und eine saubere getrennte Aufstellung in den einzelnen Geschäftsfeldern erforderlich.
5. Es sind strategische Investitionen in die Zukunftsbereiche (Vertrieb) nötig; nicht amortisierbare Investitionen sind in kurzer Frist von den Unternehmen durchzuführen.

Auch bei den *öffentlichen Eigentümern* macht Weilharter einen Handlungsbedarf aus. Grundsätzlich hält er fest, dass in einem liberalisierten Strommarkt die Elektrizitätsversorgung nicht mehr als öffentliche Aufgabe angesehen wird, sondern als eine Sache der Energiewirtschaft. Dazu müssen unternehmerische und politische Eigentümerinteressen getrennt werden. Die unternehmerischen Interessen haben sich auf die Marktfähigkeit der Unternehmen, den Werterhalt, die Wertsteigerung und Rendite sowie auf die Flexibilität der Eigentümerstruktur zu konzentrieren. Die politischen Interessen sind grundsätzlich über die Gesetzgebung zur Schaffung gleicher Rahmenbedingungen für alle Marktteilnehmer wahrzunehmen und müssen sich insbesondere auf drei Bereiche konzentrieren: den Service public, die Standort- und Arbeitsplatzförderung und den Umweltschutz. Damit ist ein direktes Handeln durch die öffentlichen Eigentümer gefordert:

1) Es ist eine Eigentümerstrategie im Strommarkt festzulegen: Will ich in diesem Wirtschaftsbereich aktiv sein? Welche wirtschaftlichen Interessen verfolge ich? Wie führe ich die Beteiligungen? Auf diese Fragen muss die öffentliche Hand eine Antwort finden.
2) Es müssen die strukturellen Voraussetzungen in den Unternehmen geschaffen werden: Überführung in privatwirtschaftliche Rechtsform, Festlegung von Unternehmensstrategien und geschäftsorientierter Organisation.
3) Der Umwandlungsprozess muss seitens der Eigentümer eng begleitet werden.
4) Es sind Führungsstrukturen zur finanziellen (und strategischen) Führung aller wirtschaftlichen Beteiligungen aufzubauen.

Diskussion

Silvio Borner zieht Parallelen zum vorhergehenden Fall. Das Problem sei, dass, bis ein Gesetz formuliert wird, meistens wieder ganz andere Verhältnisse herrschen. Ein Gesetz entspricht deshalb bei seinem Inkrafttreten nur in den wenigsten Fällen überhaupt noch der bereits wieder veränderten Situation.

Jakob Nüesch fragt nach, wieso schweizerische Anbieter auf dem europäischen Markt momentan keine Chance haben. Zudem fragt er sich grundsätzlich, was eine Liberalisierung im Strombereich letztlich bringt. Sind tiefere Preise der einzige Vorteil, oder besteht auch eine Chance auf eine sinnvollere Nutzung der Elektrizität?

Unproduktive Unternehmen scheiden aus, so **Bernhard Weilharter.** In der Schweiz stellt sich aufgrund ihres hohen Anteils an Wasserkraft die Frage der Abschreibungen. Weilharter ist aber der Ansicht, dass nach einer Durststrecke von etwa zehn Jahren schweizerische Unternehmen eine gute Ausgangslage auf dem Markt haben. Es ist weiter festzuhalten, dass Strompreisvergünstigungen neue Investitionen mit sich bringen. Im Ausland hat die Liberalisierung z.T. ein Sinken der Preise bis zu 50% gebracht. Daraus entstehen neue Geschäftsmöglichkeiten.

Hermann Lübbe beschäftigt sich derzeit mit Moralisierungsentwicklungen. Als Beispiel für die zunehmende Moralisierung der Gesellschaft und damit auch der Wirtschaft nennt er das Bio-Label für landwirtschaftliche Produkte, welches die gestiegene Bedeutung der Moral in der heutigen Zeit versinnbildlicht. Moralisch einwandfreie Ware wird zu höheren Preisen verkauft. Nun habe er gehört, dass das auch für den Strom gelten könne.

Weilharter bestätigt, dass die Stromherkunft durchaus für die Wahl der Stromnutzung eine Rolle spielen kann. Eine solche Sichtweise bietet neue Anknüpfungspunkte für Unternehmen, nicht für grosse Unternehmen, aber für Nischenfirmen. Jedoch auch in den Nischen wird man nicht an Marktmechanismen vorbeikommen.

Riccardo Jagmetti stellt fest, dass oft von Energie gesprochen und damit aber eigentlich die Elektrizität gemeint wird. In Wirklichkeit ist aber die Elektrizität bekanntlich nur ein Teil des Energiebereichs. In seinen beruflichen Tätigkeiten habe er bisher drei Phasen der Entwicklung des Elektrizitätsbereichs erlebt:
1) Zuerst ist die *Versorgung* zentral gewesen,
2) dann ist der *Umweltgedanke* prägend gewesen,
3) schliesslich spricht derzeit alles vom *Markt.*
Aus seiner Sicht sind die beiden Phasen Versorgung und Umwelt nicht – wie in der jetzigen «Marktphase» oft gemacht – bloss als

politischer Rahmen für wirtschaftliches Handeln zu verstehen, sondern sind als Ziele zu fixieren.

Markus Rauh bemerkt, die Entwicklung der Telekom-Liberalisierung habe gezeigt, dass es keinen Sonderfall Schweiz in diesem Bereich gibt. Im Elektrizitätsbereich hat man hingegen offenbar immer noch die Vorstellung eines nachhaltigen Sonderfalls Schweiz. Die Elektrizitätsunternehmungen sind in der Vergangenheit von der öffentlichen Hand regelrecht ausgebeutet worden. Genauso hat eine «Kannibalisierung» der Telekom-PTT stattgefunden, man hat ihr immerhin bei der Entlassung in den Markt 3 Mrd. Franken rückerstattet. Zum Problem der Abschreibungen meint Rauh, dass er hier nicht von mangelnder Ausnutzung spreche, sondern von Fehlinvestitionen.

Barbara Haering betont, dass verschiedene Systemebenen unterschieden werden müssen.

Nach **Borner** ist die Nicht-Amortisierbarkeit von Infrastrukturinvestitionen gar keine ökonomische Frage, somit stellen Amortisationen aus der Sicht der Ökonomen keine Probleme dar.

Ulrich Klöti knüpft an die Bemerkung von Barbara Haering betreffend der unterschiedlichen Systemebenen an und sieht in der Forderung nach einer Konzentration der Anbieter einen Widerspruch zur ökonomischen Argumentation zur Dezentralisierung: Er stelle fest, dass aus ökonomischer Perspektive globalisierte Märkte zur Zentralisierung der Kräfte führen, auf der anderen Seite werden dezentrale Strukturen propagiert.

Den Unterschied sieht **Willy Linder** in erster Linie in der Unterscheidung der betriebswirtschaftlichen von der volkswirtschaftlichen Ebene.

Josef Estermann weist auf das Beispiel des Elektrizitätswerks Zürich hin, wo weder Abschreibungen nötig sind noch von Fehlinvestitionen die Rede sein muss. Der ehemals städtische Betrieb habe eine gute Ausgangslage, um im Markt bestehen zu können. Es muss aber über diesen Sonderfall hinausgegangen werden. Grundsätzlich gilt: Wenn mit der Liberalisierung die Versorgung aller besser erreicht werden kann, gibt es politisch keine Probleme. Auf Umweltebene besteht regelmässig Regelungsbedarf. Was den Marktmechanismus betrifft, muss bedacht werden, dass sobald Überkapazitäten abgebaut sind, monopolähnliche Strukturen drohen können. Die Frage ist, wie wir den anfangs relativ gut spielenden Markt auch in Zukunft gewährleisten.

Weilharter beobachtet betreffend der Systemgrenzen, dass es aufgrund der europäischen Vernetzung keine physikalischen Systemgrenzen gibt. Das Stromnetz ist bereits ein interdependentes europäisches Netz. Deshalb sieht er auch keinen Anlass dafür, dass es in anderen Bereichen einen Sonderfall Schweiz geben sollte, und bemerkt, dass es somit auch politisch diese Grenzen nicht gibt. Die Frage ist, wie mit Systembrüchen umgegangen wird. Da es sich dabei aber um den europäischen Markt handelt, sieht er keine Gefahr, dass neue Oligopole entstehen.

Gebhard Kirchgässner betont, dass man sich bewusst sein muss, dass Deregulierung auch immer einen neuen Bedarf an Regulierung schafft. Zudem ist die Frage der Fehlinvestitionen tatsächlich keine ökonomische Frage.

Rauh warnt davor, einen neuen Sonderfall Schweiz zu kreieren. Die Liberalisierung ist auf keinen Fall zu verwässern. Die Wettbewerbskommission ist die einzige Behörde, welcher es in Zukunft als Regulierungsbehörde bedarf.

Teil 2:
«Globaler Standortwettbewerb»

Referat von Prof. Dr. Thomas Bernauer
ETH Zürich

Race to the bottom?

Im internationalen Standortwettbewerb bemühen sich Jurisdiktionen (Staaten) um die Ausgestaltung bestmöglicher Rahmenbedingungen für Investoren, die ihrerseits zahlreiche Kriterien in ihre Standortentscheide mit einbeziehen: z.B. Grösse und Nähe der Absatzmärkte, Gewinnaussichten, wirtschaftliche Stabilität und Prosperität, Rechtssicherheit und politische Stabilität, Infrastruktur, Ausbildungssystem, Vorhandensein qualifizierter MitarbeiterInnen, Lohnniveau, staatliche Vorschriften aller Art und nicht zuletzt die Steuern.

Gerade hinsichtlich der Produktion und der Absatzmärkte ist allerdings die grosse Mehrheit der Unternehmen stärker an ihren Standort gebunden, als in der Globalisierungsdebatte oft vermutet wird. Nur sehr wenige Firmen wie auch Privatpersonen sind in der vorteilhaften Lage, ihre Standorte bzw. Investitionsorte frei wählen zu können.

Um die vielschichtige Debatte über den Standortwettbewerb analytisch greifbar werden zu lassen, setzt der Referent den Fokus seiner Ausführungen auf das Phänomen *«Steuerwettbewerb»:*

In der Globalisierungsdebatte stehen verschiedene Thesen im Raum. So spricht man bisweilen vom «mystery of the vanishing taxpayer». Befürchtet werden eine massive Abnahme des Steuersubstrates und ein damit einhergehender Abbau staatlicher Leistungen – ein «race to the bottom». Eine weitere, oft geäusserte

Annahme betrifft die Verlagerung der Steuerlasten von «reicheren» Besitzern mobilen Kapitals zu «ärmeren» Besitzern des Faktors Arbeit und mittel- bis langfristig das damit verbundene Problem der sozialen wie auch politischen Instabilität. Solchen Befürchtungen stellen wiederum andere Beobachter die Behauptung entgegen, wonach die «grabbing hand» des Staates im Vergleich zur «invisible hand» des Marktes noch nie so mächtig gewesen sei wie heute. Wie steht es nun um die Aussagekraft dieser konkurrierenden Thesen? Wer hat Recht?

Der internationale Steuerwettbewerb wird in der Politischen Ökonomie oft als *Gefangenendilemma* beschrieben. Nach diesem Modell favorisieren die Staaten ein internationales Steuerkartell, um den Status quo ihrer Steuereinnahmen sicherzustellen. Das Nash Equilibrium liegt jedoch bei allseitigen Steuersenkungen, die eine Abnahme der Steuererträge zur Folge haben, ohne die (individuell gewünschte) Verlagerung der Investitionsströme zu bewirken. Die Errichtung eines Steuerkartells – beispielsweise in Form einer Steuerharmonisierung – wird mit Blick auf die spieltheoretische Literatur aber möglich, wenn die Staaten über mehrere Runden tit-for-tat-Strategien anwenden.

In welchem Verhältnis stehen diese sehr vereinfacht dargestellten Modellannahmen zur Wirklichkeit? In einem nächsten Schritt präsentiert der Referent einige *Befunde statistischer Analysen,* die er im Rahmen seiner Forschung durchgeführt hat:

- Die wirtschaftliche Globalisierung beeinflusst die Steuerquoten einzelner Staaten nur sehr marginal. Andere Faktoren wie etwa Konjunktur, Arbeitslosigkeit, De-Industrialisierungsprozesse oder Zahl der Vetopunkte in einem politischen System haben sich in den Regressionsanalysen als stärker erwiesen. Die einzige signifikante, und zwar positive Beziehung ist diejenige zwischen der Steuerquote und der Aussenhandelsquote. Dieser Befund, wonach Staaten, die mehr Aussenhandel betreiben, ihre Bürger und Firmen stärker besteuern sowie eine höhere Staatsquote aufweisen, läuft der These vom «race to the bottom» diametral entgegen.

- Noch uneinheitlicher wird das Bild, wenn man die Steuerquoten disaggregiert. So haben beispielsweise die OECD-Staaten die Steuersätze für Firmen innerhalb der letzten 20 Jahre durchschnittlich um 10% gesenkt. Ebenfalls gesunken sind die Körperschaftssteuern als Prozentsatz der Firmengewinne, wogegen ihr Anteil an den gesamten Steuereinnahmen seit 1965 fast konstant geblieben ist. Im Verhältnis zum BIP ist die Steuerbelastung von Firmen sogar leicht gestiegen.
- Schliesslich kann in den OECD-Staaten auch eine leichte Veränderung der Zusammensetzung des Steueraufkommens festgestellt werden, wobei diese Verschiebungen in den EU-Staaten deutlicher ausfallen. In diesem Zusammenhang werden vor allem die sinkenden Steuererträge auf mobiles Kapital und die steigende Belastung des Faktors Arbeit beklagt.

Die Auswirkungen des Steuerwettbewerbs, wie sie sich in den Steuererträgen abbilden, sind mit den Worten von Thomas Bernauer «bisher recht gering». Eine Konvergenz sei nicht beobachtbar und ein «race to the bottom» schon gar nicht.

Als Ergänzung zu den Resultaten statistischer Analysen zeigen auch die *Ergebnisse qualitativer Fallstudien* ein sehr heterogenes Bild:

Die Betrachtung von *Steuerreformen* anstelle der Steuererträge zeigt einerseits, dass solche Reformen in einem Staat – so die Steuerreformen in den USA 1981 und 1986 – andere Länder zu ähnlichen Schritten motivieren kann, was als Indiz für einen existenten Steuerwettbewerb gesehen werden kann. Da sich Steuerreformen jedoch kaum auf einen Indikator aggregieren lassen, ist eine Beurteilung der Stärke des Steuerwettbewerbs äusserst schwierig. Die Analyse der durch die Steuerreformen in den USA ausgelösten Anpassungsprozesse offenbart allerdings die sehr grosse Bedeutung der innenpolitischen Strukturen der jeweiligen Länder in Bezug auf das «Ansteckungspotential». Andererseits lässt sich anhand der Untersuchung von Steuerreformen aber auch feststellen, dass Güter- und Finanzströme im OECD-Raum bisweilen als Transmissionsriemen für die Präferenzen grosser Staaten dienen. Kurz: Sowohl die Steuerbelastung in grossen Staaten als auch die innenpolitischen Strukturen der einzelnen Staaten setzen dem Steuerwettbewerb klare Grenzen.

Die Schwierigkeit der *internationalen Kooperation* zur Verhinderung des Steuerwettbewerbs zeigt sich allerdings bei den Bemühungen der OECD und der EU zur Eindämmung des «schädlichen Steuerwettbewerbs» sehr deutlich. Die OECD-Vereinbarungen sind wenig griffig, der EU-Verhaltenskodex zur Unternehmensbesteuerung ist nicht mehr als eine reine Absichtserklärung. Zudem sind die Pläne zur Zinsbesteuerung in der EU vorläufig gescheitert. Und dennoch müsste eigentlich in einer interdependenten Welt, in der Staaten im Rahmen ihrer permanenten Interaktionen quasi laufend «Spiele» mit vielen Runden spielen, das Gefangenendilemma der Zusammenarbeit überwunden werden können. Im Gegensatz zum anfangs dargestellten Gefangenendilemma sind nun aber die Präferenzen der real existierenden Staaten weit heterogener und vielschichtiger. Hochsteuerländer haben ein grosses Interesse an einer Steuerharmonisierung auf dem Niveau ihrer Steuerbelastung, während Niedrigsteuerländer sich solchen Bestrebungen widersetzen. Ein Beispiel, wie eine solche Blockade überwunden werden kann, sieht der Referent lediglich in der verstärkten internationalen Zusammenarbeit in Sachen Transferpreisregulierung, die einen verstärkten fiskalischen Zugriff auf multinationale Unternehmen zur Folge hat. Ansonsten sind internationale Steuerkartelle unter Bedingungen des Steuerwettbewerbs offensichtlich schwierig zu bewerkstelligen.

Die *Auswirkungen des internationalen Steuerwettbewerbs* auf die staatlichen Steuererträge sind bedeutend kleiner als von vielen Globalisierungspessimisten befürchtet oder von Kritikern der «grabbing hand» erhofft. Ob in Zukunft angesichts der weiterhin steigenden Kapitalmobilität – v.a. aufgrund der De-Materialisierung der internationalen Wirtschaftsbeziehungen (vgl. E-Commerce) – eine Intensivierung des Steuerwettbewerbs und eine Abnahme der Steuereinnahmen zu erwarten ist, bleibt eine offene Frage. Der Referent vermutet allerdings, dass bei einem solchen Szenario nicht nur der Einfallsreichtum der Steuerbehörden, sondern auch der gesellschaftliche Widerstand gegen einen Abbau staatlicher Leistungen stark unterschätzt wird.

Bei einem weiterhin stark begrenzten internationalen Steuerwettbewerb wird aber trotzdem die bereits in den 50er Jahren geäusserte These von Charles Tiebout ihre Gültigkeit bewahren, wonach der Wettbewerb zwischen Jurisdiktionen den Vorteil mit sich bringt, dass die Staaten verschiedene Kombinationen von staatlichen Leistungen oder Standortvorteilen einerseits und Steuerentlastungen andererseits anbieten.

Aufgrund ihrer eingeschränkten Mobilität votieren Privatpersonen und Firmen – anders als in Tiebouts Modell – allerdings eher mittels einer Verschiebung von Kapital als durch die Wahl des Standortes oder Steuersitzes schlechthin. Trotzdem kann die Wirkung ähnlich ausfallen: Der Staat wird zu effizienteren Leistungen gezwungen. Solange folglich ein Land mit hohen Steuern seinen BewohnerInnen und Firmen einen attraktiven Standort anbieten kann und gleichzeitig in der Lage ist, ein «Trittbrettfahren» in Form von Steuerflucht oder Steuerumgehung wirksam zu verhindern, kann ein gewisses Mass an Steuerwettbewerb durchaus sinnvolle Auswirkungen haben. Nicht die Kapitalmobilität, die unweigerlich steigen wird, wäre in diesem Zusammenhang als Schlüsselvariable zu sehen, sondern die *staatliche Kapazität zur Verhinderung des «Trittbrettfahrens»*.

Ein uneingeschränktes Abwürgen sämtlicher Möglichkeiten zum «Trittbrettfahren» wäre aber vermutlich gar nicht sinnvoll, so die provokative Schlussthese des Referenten, denn ein geringfügiges Ausmass an Steuerflucht bzw. Trittbrettfahren kann der Effizienz und Qualität staatlicher Leistungen durchaus zuträglich sein, auch wenn sie moralisch und gesellschaftlich vielleicht unschön und verwerflich ist.

Referat von Prof. Dr. Klaus Armingeon

(Universität Bern)

Deregulierung des Arbeitsmarktes

Klaus Armingeon stellt die Frage nach den geeigneten politischen Mitteln für die Erreichung eines höchstmöglichen Beschäftigungsgrades unter dem Eindruck der Globalisierung an den Anfang seines Vortrages. Wie kann dem Ziel der Vollbeschäftigung aus der Sicht der Politik Rechnung getragen werden, ohne die internationale Wettbewerbsfähigkeit der schweizerischen Wirtschaft zu strangulieren? Ausgehend vom Konsens unter den Ökonomen, dass es bei der Beschäftigungsfrage insbesondere die strukturelle Arbeitslosigkeit zu bekämpfen gilt, stellt der Referent die beiden ökonomischen «Therapievorschläge» *Abbau des Wohlfahrtsstaates* und *Deregulierung des Arbeitsmarktes* ins Zentrum seiner Ausführungen. Was taugen diese ökonomischen Forderungen für die Politik, welche Nebenkosten sind zu erwarten und welche Alternativen sind zu diskutieren?

Ein zentraler Kritikpunkt am *Wohlfahrtsstaat* sind die von ihm ausgehenden falschen Anreize. Zudem sollten der Kritik zufolge die marktstörenden Auswirkungen der beträchtlichen und tendenziell zunehmenden Unterschiede zwischen Produkt- und Konsumlohn mittels einer Reduzierung der Lohnsteuern und Lohnnebenkosten verringert werden.

Bei der Forderung nach einem Abbau des Wohlfahrtsstaates sieht der Berner Politologe vier Schwierigkeiten:

- Der Wohlfahrtsstaat verfügt in der Bevölkerung über eine breite Akzeptanz. Gemäss dem Schweizerischen Arbeitsmarktsurvey von Armingeon und Diekmann (1998) liegt diese bei etwa 80% der Befragten. Ein Blick über die Grenzen zeigt zudem ähnliche Befunde.
- Die Debatte über den Wohlfahrtsstaat wird oft einseitig geführt, indem nur die durch ihn verursachten Kosten thematisiert und dabei seine Problemlösungskapazitäten übersehen oder vernachlässigt werden. So erfüllt der Wohlfahrtsstaat etwa durch das Verhindern eines Umschlagens von wirtschaftlichen in politische Krisen oder mit der Bewahrung der politischen Stabilität durch die existierenden Sozialrechtsansprüche Aufgaben von gesamtgesellschaftlichem Interesse. Stichworte wie Verminderung von Armuts- und Langzeitarbeitslosigkeitsrisiken, präventive Kriminalpolitik, Förderung der sozioökonomischen Gleichstellung der Frauen, Generationenvertrag u.a. wären beliebig zu ergänzen.
- Der Wohlfahrtsstaat ist parteipolitisch breit abgesichert und ist nicht nur ein Produkt der Sozialdemokratie, sondern er wird auch von den christlich-katholischen Zentrumsparteien getragen. Damit ist er in seinen Grundwerten im europäischen Durchschnitt auf einer breiten Mitte-Links-Koalition abgestützt.
- Eine weitere Schwierigkeit einer wohlfahrtsstaatlichen Reform besteht darin, dass bei einem Abbau die Kosten und Nachteile sich auf einige gesellschaftliche Gruppen konzentrieren und damit gut sichtbar sind, während die damit einhergehende Entlastung sehr breit ausfällt und deshalb nur wenig als solche wahrgenommen wird.

Angesichts dieser Schwierigkeiten muss die Frage gestellt werden, unter welchen *politisch-institutionellen Bedingungen* ein wohlfahrtsstaatlicher Abbau überhaupt gelingen kann. Eine Chance sieht Armingeon für klare Mehrheitsdemokratien, in denen die Sozial- und Christdemokraten in der Opposition und die Gewerkschaften ressourcenarm sowie institutionell schwach verankert sind. Zudem müsste die liberale Regierungspartei über eine klare Mehrheit verfügen, um die zu erwartenden Stimmenverluste zu verkraften. Diese Voraussetzungen waren beispielsweise in Neuseeland, teilweise auch in der USA und in Grossbritannien vorhanden. In Kontinentaleuropa fehlen solche günstige Rahmenbedingungen weitgehend.

Die Erfolgsaussichten für eine *Deregulierung störender arbeitsmarktlicher Institutionen* scheinen grösser zu sein, deuten doch viele Trends auf einen zunehmenden Bedeutungsverlust der Gewerkschaften hin als eigentliche Hüter arbeitsmarktlicher Regeln wie etwa ihre Forderung nach Mindestlöhnen, einem extensiven Kündigungsschutz und anderen Schutzrechten für die Beschäftigten. Die sozialpartnerschaftlichen Kartelle wären demzufolge auf die Dauer überwindbar und die Beseitigung marktstörender arbeitsrechtlicher Regeln sollten möglich werden. Auch die Arbeitslosenversicherung könnte folglich restriktiver ausgestaltet werden, so dass sämtliche Anreize zum Verbleiben in der Erwerbslosigkeit wegfielen. Dass diese Annahmen zu optimistisch sind und empirischen Befunden nicht vollumfänglich standhalten können, zeigt Armingeon anhand von vier Hinweisen:

- Der Bedeutungsverlust der Gewerkschaften ist empirisch nicht deutlich erkennbar. So trifft etwa die Mitgliederkrise der 80er Jahre nicht alle Länder gleichermassen. Ein langfristig angelegter Ländervergleich (1950–1990) zeigt nämlich stabile oder sogar steigende Werte für die ohnehin schon starken Gewerkschaften Skandinaviens. Die Erwartung, wonach der Strukturwandel den Niedergang der Gewerkschaften eingeläutet hat, muss folglich – zumindest mit Blick auf Nordeuropa – relativiert werden.
- Auch die oft zu vernehmende These, die Überwindung der keynesianischen Wirtschaftspolitik stürze die Sozialpartner-

schaft in eine Krise, entbehrt vieler empirisch gesicherter Daten, denn langfristig haben sich die korporatistischen Strukturen vieler europäischer Länder weit weniger verändert als erwartet.
- Gemäss einer OECD-Studie trifft auch die Annahme, dass sich strikte arbeitsmarktliche Regelungen hemmend auf die Schaffung neuer Arbeitsplätze auswirken, nicht eindeutig zu. Jedenfalls konnte keine starke Korrelation festgestellt werden.
- Schliesslich zeigen verschiedene Untersuchungen zur Ausgestaltung der Arbeitslosenversicherung lediglich einen direkten Zusammenhang zwischen der Bezugsdauer von Arbeitslosengeldern und der Dauer der Arbeitslosigkeit, nicht aber der Höhe der Arbeitslosenentschädigung.

Zum Schluss seines Referates fragt Armingeon nach möglichen *alternativen Strategien* zur Bekämpfung der Arbeitslosigkeit. Da die Beschäftigungskrise in den OECD-Ländern häufig nicht in erster Linie auf zu viele weggefallene Arbeitsplätze, sondern auf das gestiegene Arbeitsangebot zurückzuführen ist, kann eine alternative Strategie bei der Angebotssteuerung ansetzen. Und mit Blick auf die ungenügenden politisch-institutionellen Voraussetzungen für eine mehrheitsdemokratische Variante ist vermehrt eine konsensuale Verhandlungslösung der kleinen Schritte anzustreben.

Diskussion

Willy Linder eröffnet die Diskussion mit der Frage, ob die Aussage der von Armingeon zitierten OECD-Studie wirklich stimme, wonach sich strikte arbeitsmarktliche Regeln nicht hemmend auf die Schaffung neuer Arbeitsplätze auswirken. **Klaus Armingeon** stellt klar, dass es sich hierbei um jene Regeln – und die entsprechenden Indices der OECD – handelt, die die Flexibilität bei der Einstellung und Entlassung von Arbeitnehmer betreffen.

Für **Klaus von Beyme** ist die Frage nach den politischen Kosten entscheidend. Wichtiger als Korrelationen und statistische Analysen seien wohl die von Armingeon im Rahmen seiner Ausführungen zum Wohlfahrtsstaat erwähnten Akzeptanzgrundlagen. Auch sieht er nicht nur in klaren Mehrheitsdemokratien eine Möglichkeit zum Rückzug aus dem Wohlfahrtsstaat, sondern Länder wie die Niederlande oder Schweden haben gezeigt, dass auch über Verhandlungslösungen vieles erreicht werden kann. Insofern hat auch die Schweiz mit ihrer Konkordanzdemokratie gute institutionelle Voraussetzungen für einen geordneten Rückzug aus dem Wohlfahrtsstaat. Dieser Aussage kann sich auch **Armingeo**n anschliessen, worauf **Barbara Haering** ihrerseits die geschichtliche Bedeutung, die gesellschaftlichen Integrationsleistungen sowie den Aspekt der Genese des Wohlfahrtsstaates in Erinnerung ruft.

Hermann Lübbe greift die Ausführungen von Thomas Bernauer auf und stellt dem Begriff der Steuersystemkonkurrenz jenen der Moralkonkurrenz gegenüber und fragt den Referenten, ob die Tendenz stimme, die er als Philosoph im Rahmen seiner eigenen, nicht empirischen Forschungen wahrgenommen zu haben glaubt, dass die allgemeine Akzeptanz für Verbrauchssteuern im Steigen und die Moral für Vermögenssteuern im Sinken begriffen ist. Die Antwort von **Thomas Bernauer** fällt kurz aus: Die Triebgründe für die Steuerveränderungen sind empirisch nicht belegbar.

Dann ergreift **Josef Estermann** das Wort und gibt zu Bedenken, man dürfe in der ganzen Diskussion um den Steuerwettbewerb nicht ausser Acht lassen, dass gewisse Ausgaben zwangsläufig zunehmen und gerade die Existenzsicherung für den Staat von zentraler Bedeutung ist. Zuerst muss die Frage beantwortet werden, wofür der Staat Geld ausgeben soll. Und zur Verteilung der Steuerdynamik meint der Zürcher Stadtpräsident, dass sich der Staat die Einnahmen sehr oft ganz einfach dort holt, wo er sie am einfachsten und ohne allzu grossen Widerstand auch erhält.

Silvio Borner beginnt sein Korreferat mit der Feststellung, dass die Ökonomen immer danach fragen, wer am Schluss die Steuern bezahlt. Und das sind nun einmal die KonsumentInnen und ArbeitnehmerInnen. Deshalb ist die zunehmende Besteuerung des Konsums auch eine gute Entwicklung. Was den unter dem Eindruck der Globalisierung stehenden Arbeitsmarkt betrifft, so sieht er die grösste Herausforderung in der Anpassungsfähigkeit der ArbeitnehmerInnen an die neuen beruflichen Qualifikationsanforderungen.
Die Diskussion um die Zukunft des Sozialstaates wird falsch geführt. Sie darf nicht einfach auf die Standpunkte pro und contra reduziert werden, sondern entscheidend sind Fragen nach möglichen Anreizen.
Mit Blick auf die Globalisierungsdebatte distanziert sich Borner unmissverständlich von den negativen Äusserungen von Vertretern der politischen Linken und Rechten. Diese würden ihm Angst machen. Schliesslich wäre der Begriff Re-Globalisierung zutreffender, da die Weltwirtschaft schon einmal globalisierte Züge aufwies und erst in der Zwischenkriegszeit in eine tiefe Krise stürzte. Nach dem Ende des Zweiten Weltkrieges setzte dann die erwähnte Phase der Re-Globalisierung ein. Der Anstoss war aber nicht nur wirtschaftlicher und technischer Natur, sondern unter dem Eindruck der Katastrophe des Weltkrieges stand auch der politische Wille dahinter: Nie wieder Krieg.
Anschliessend bringt der Basler Ökonom klar zum Ausdruck, dass er die Globalisierung nicht als ein Null-Summen-Spiel betrachtet. Die weltweite Arbeitsteilung führt zu einer grossen Produktivitätssteigerung, auch wenn die schlecht qualifizierten ArbeitnehmerInnen angesichts des Strukturwandels zunehmend unter Druck geraten.
Zum Verhältnis von Politik und Globalisierung meint Borner, dass diese letztlich auch für die Politik heilsam ist, auch wenn ein gewisser Souveränitätsverlust in Kauf genommen werden muss. Aber auch für die Liberalen stellt der Staat mit Blick auf die Marktwirtschaft eine absolute Notwendigkeit dar, weshalb man

der Politik gegenüber der Wirtschaft auch den Primat einräumen muss.

Die zweite Diskussionsrunde eröffnet **Gebhard Kirchgässner** mit einer Bemerkung zum Referat von Thomas Bernauer – Klaus Armingeon hat die Runde vorzeitig verlassen müssen. Nicht das Gesamtsteueraufkommen sei der entscheidende Faktor, sondern die Struktur des Steuersystems. Zudem muss man das Problem der Vermögenskonzentration wachsam verfolgen. Den 1998 erzielten Budgetausgleich erachtet er aufgrund seines raschen Zustandekommens als einen (positiven) Sonderfall. Auch sei er ein Befürworter der Konsumsteuer, ist sich aber mit Blick auf den E-Commerce nicht so sicher, ob man hier nicht schon den Anschluss verpasst hat. Gegenwärtig besteht aber auch die Gefahr, dass die Vermögenssteuer unter anderem Namen eine Renaissance erleben wird.

Bernauer entgegnet, dass man die Steuerveränderungen gleichwohl im Zusammenhang mit dem Steueraufkommen sehen muss. Das Lager der Ökonomen ist ja in dieser Frage auch gespalten, und diese sind sich beispielsweise nicht einig, ob man in der EU eine Steuerharmonisierung anstreben soll oder nicht.

Adriano Lucatelli gibt zu bedenken, dass wenn die These des «race to the bottom» stimmen würde, seine Firma ihren Hauptsitz längst nicht mehr in Zürich hätte. Man darf weder die Steuerfrage noch die eingeengte Sicht der Betriebsstruktur überbewerten, da die Standortentscheidung auf mehreren wichtigen Faktoren beruht. Insbesondere die Ressourcen an qualifizierten Arbeitskräften erachtet er als äusserst entscheidend.

Estermann leitet die Diskussion dann zur Frage über, ob beim interkantonalen Steuerwettbewerb ein «race to the bottom» stattfindet, was **Bernauer** verneint, da verschiedene Rigiditäten eine Konvergenz verhindern.

Borner stellt fest, der Steuerwettbewerb funktioniere in der Schweiz nicht zufriedenstellend. Auch wenn die Steuerunterschiede teilweise in den Markt internalisiert sind, verleiten sie geradezu zum «Trittbrettfahren».

Dass der Liberale den Staat will, steht auch für **Riccardo Jagmetti** ausser Frage. Doch darf man seine Aufgaben nicht auf ein Regulieren und das Garantieren der Grundrechte reduzieren und auch seinen Beitrag zur Gemeinschaft nicht ausser Acht lassen. So sind wohl auch die vermehrten Proteste und Widerstände gegen die Globalisierung gegen den zunehmenden Verlust von Gestaltungsmöglichkeiten gerichtet.

Für **Borner** allerdings hat der Begriff Gemeinschaft keinen Bezug zum Staat. Er spüre als Basler keinen Unterschied, ob er sich gerade in Strassburg, Zürich oder Basel aufhalte. **Jagmetti** unterstreicht darauf seine vorherige Äusserung nochmals und betont, wir seien doch in mehrere Gemeinschaften eingebunden. Der Staat leistet einfach mehr als nur ein Regulieren und Garantieren. Auch **Ulrich Klöti** sieht neben diesen beiden wichtigen Staatstätigkeiten noch weitere und unterstützt die Worte Jagmettis mit dem abschliessenden Hinweis, dass schliesslich ja auch bei der Wahl des Wohnortes Identitäten eine Rolle spielen und nicht allein wirtschaftliche Überlegungen ausschlaggebend sind.

Teil 3: «Staatsaufgaben»

Referat von Prof. Dr. Ulrich Klöti
(Universität Zürich)

Marktversagen und Staatsaufgaben aus der Sicht der Politikwissenschaft

Die Fragen des Verhältnisses zwischen Wirtschaft und Staat sind uralt. Es ist unmöglich, den ideengeschichtlichen Hintergrund in wenigen Worten auszuleuchten, so Ulrich Klöti. In der Politikwissenschaft gibt es zudem keine einheitliche Sicht bezüglich dieser Fragestellung. Deshalb konzentriert er seine Ausführungen auf zwei Orientierungen: auf die klassische, weitgehend auf Max Weber zurückgehende Theorie zum Verhältnis von Wirtschaft, Gesellschaft und Staat, sowie auf neuere Tendenzen der Systemtheorie.

Klöti bekundet Mühe mit dem Begriff des Marktversagens. Der Begriff ist vage und unklar. Sein engerer Sinn bleibt auf die Feststellung beschränkt, dass die Bereitstellung von Kollektivgütern durch den Markt unbefriedigend ist. Aus dieser engen Begriffsbestimmung lässt sich keine systematische Umschreibung der Staatsaufgaben ableiten, und zwar aus zwei Gründen nicht: Einmal handelt es sich beim Resultat der Marktprozesse nicht um ein Versagen an sich, sondern um Ergebnisse, die an sich weder richtig noch falsch sind, die aber nicht den politischen Präferenzen einer Gesellschaft entsprechen mögen. Und zudem ist der Markt nicht ein Akteur, der versagen kann, sondern lediglich eine Veranstaltung, die selbst nichts Falsches machen kann. Deshalb können die Staatsaufgaben nicht allein mit Marktversagen begründet werden.

Wenn man sich auf die beiden genannten Theorieansätze beschränkt, besteht nur in einem Punkt Übereinstimmung: Es ist dem Staat vorbehalten, für die Gesellschaft verbindliche Entscheidungen zu treffen. In der traditionellen Lehre Webers heisst dies dann – etwas antiquiert – der Staat verfüge über ein Gewaltmonopol, das auf einer bestimmten Legitimation beruhe. In der neueren Systemtheorie ist der Staat (das politische System) das Subsystem der Gesellschaft, in dem die gesamtgesellschaftlich verbindlichen Entscheidungen getroffen werden, wo die Entscheidungen implementiert und die Konflikte reguliert werden.

Für die Bestimmung weiterer Staatsaufgaben hat dies Konsequenzen. Systemtheoretisch gesprochen gibt es keinen deduktiv abgeleiteten verbindlichen Katalog von Staatsaufgaben mehr, sondern lediglich durch den im politischen System ablaufenden Prozess legitimierte, im Einzelnen pragmatisch entschiedene Aufgaben. Der Staat erfüllt somit jene Aufgaben, die das politische System als solche definiert. Mit anderen Worten: Es ist die Politik und nicht der Markt, welche über Staatsfunktionen befindet.

Staatsaufgaben lassen sich also nicht staatstheoretisch ableiten. In modernen entwickelten Demokratien haben sich dennoch eine Reihe von Staatsfunktionen herausgebildet, die wir überall antreffen. Dabei handelt es sich um Aufgaben, die zum sogenannten Minimalstaat gehören und die empirisch überprüfbar sind. Dazu gehören nachstehende Funktionen der Bereiche *Sicherheit, Ordnung und Integration:*

- Die Gewährleistung innerer und äusserer Sicherheit
- Der Schutz individueller Rechte
- Die Gewährleistung der politischen Beteiligung
- Die Sicherstellung der kulturellen Integration (die Schaffung von Identität)

Dem Staat kommt, wie Klöti weiter ausführt, die Aufgabe zu, für *ökonomische Rahmenbedingungen* zu sorgen, damit die friedliche Konkurrenz der Wirtschaftssubjekte möglich wird. Bei der Ausgestaltung dieser Rahmenordnung kommt nun erstmals die Idee des sogenannten Marktversagens ins Spiel. In der Literatur finden sich die folgenden Elemente einer den Markt ordnenden Regelung:

- Wirtschaftliches Handeln bedarf einer Rechtsordnung, die Rechtssicherheit im wirtschaftlichen Handeln garantiert.
- Ein Wettbewerbsrecht muss Monopole oder Kartelle beschränken oder ganz verhindern, damit der Wettbewerb nicht eingeschränkt wird.
- Externe Kosten können gemäss dem Verursacherprinzip den Produzenten angelastet werden.
- Gefahren und Risiken müssen eingefangen und abgewendet werden (Bsp. Atomenergie, Lebensmittel).

Eine weitere traditionelle Tätigkeit des Staates, mit welcher dieser in die reinen Marktprozesse eingreift, besteht in der *Bereitstellung von Infrastruktur* und in der *Sicherung der Grundversorgung* mit aus kollektiver Sicht wichtigen Gütern. Richard Rose hat in diesem Zusammenhang einmal von der Mobilisierung von Ressourcen gesprochen. Was die physischen Ressourcen betrifft, so ist hier vor allem an die klassische Infrastruktur im Bereich des Verkehrs, der Energie, der Versorgung und der Entsorgung zu denken. Die Bereitstellung von immateriellen Gütern durch den Staat ist in jüngster Zeit häufiger in Frage gestellt worden. Klöti erwähnt insbesondere das Beispiel der Bildung. Allerdings betrachte die Bevölkerung, seiner Meinung nach, die Bildung nach wie vor als meritorisches Gut, das nicht vollumfänglich der privaten Herstellung überlassen werden soll.

Zu den wichtigsten Kritikpunkten an den Ergebnissen des marktmässigen Wirtschaftens gehört die Feststellung, dass die resultierende Verteilung der Einkommen und Vermögen ungerecht sei. Aus dieser Kritik hat sich in der Geschichte die klassische Konfliktlinie des Klassenkampfes ergeben. *Umverteilungen* sind in allen modernen Demokratien empirisch feststellbar. Diese Aussage kann aus zwei Perspektiven bestätigt werden.

1) Keine politische Gruppierung plädiert für die völlige Abschaffung der Sozialwerke.
2) Anhand von Umfragen und Abstimmungen (für die Schweiz) kann festgestellt werden, dass die Bürgerinnen und Bürger ein gewisses Ausmass an Umverteilung wollen und auch zu bezahlen bereit sind.

Aufgrund der politikwissenschaftlichen Empirie zeigt sich zusammenfassend, dass der hochentwickelte Staat in der Regel folgende Aufgaben «über den Markt hinaus» wahrnimmt:

- Er sichert die Herstellung verbindlicher Entscheidungen.
- Er sorgt für Sicherheit, Ordnung und Integration.
- Er legt die ökonomischen Rahmenbedingungen fest.
- Er stellt Infrastruktur und die Grundversorgung für wichtige Güter bereit.
- Er korrigiert die Marktergebnisse durch Umverteilung.

Zum Schluss macht Klöti deutlich, dass er in seinem Referat nichts – oder wenigstens nichts Präzises – gesagt habe zur wirtschaftlichen Globalsteuerung, über das Ausmass der Staatstätigkeit in den genannten Funktionsbereichen und zur Art der Staatstätigkeit. Der Staat kann seine Ziele in den genannten Aufgabenfeldern mit den verschiedensten Mitteln zu erreichen versuchen. Er kann rechtlich regulieren, er kann mit materiellen Anreizen oder mit Transferzahlungen arbeiten, er kann selbst als Anbieter von Gütern auftreten, er kann Überzeugungsstrategien einsetzen, und er kann mit gutem Beispiel vorangehen. Je nach Wahl seiner Instrumente werden seine Interventionen als mehr oder weniger marktwidrig empfunden. Er habe indessen versucht, hält Klöti abschliessend fest, fünf wichtige Aufgabenbereiche des Staates zu skizzieren, über die im Grundsatz in weiten Teilen der westlichen Welt – in einer empirischen Betrachtungsweise – ein gewisser Konsens besteht.

Referat von Prof. Dr. Gebhart Kirchgässner
(Universität St. Gallen)

Staatsversagen und Marktaufgaben aus der Sicht des Ökonomen

Es gibt eine Auffassung bezüglich Staat und Ökonomie, wonach der Staat alles machen soll, was der Markt nicht macht kann (und umgekehrt). Diese Annahme ist, wie Kirchgässner ausführt, unsinnig, denn es handelt sich nicht um eine Frage des *Könnens*, sondern darum, ob eine Marktlösung sinnvoll ist. Es ist z.B. möglich, eine Gemeinde privatwirtschaftlich zu organisieren. Es fragt sich jedoch, ob dies auch sinnvoll ist. Auch der ideale Markt weist gewisse Defizite auf.

Die Ökonomie bedient sich für die Erklärung der Demokratie des *downsianischen Modells der Demokratie.* Für dieses Referenzmodell gelten die gleichen Annahmen wie beim Markt mit vollkommener Konkurrenz. Die Menschen kommen zusammen und sind vollständig informiert. Es existiert eine Symmetrie zwischen Regierung und Opposition und der Parteienwettbewerb spielt durch permanente Wahlen und Abstimmungen. Das Ergebnis ist die Durchsetzung der Interessen des Medianwählers.

Kirchgässner erläutert vorerst die *traditionelle Sicht der politischen Ökonomie* bezüglich Politikversagen:

- Die im Referenzmodell angesprochene Informationssymmetrie ist keinesfalls gegeben. Vielmehr verfügen die einzelnen Individuen über einen unterschiedlich hohen Informationsstand, was sich aus den unterschiedlich hohen Informationskosten und -nutzen erklären lässt.
- Die der keynsianisch orientierten Nachfragepolitik zugrundeliegende Annahme, Regierung und Zentralbank könnten mit Hilfe der Geld- und Fiskalpolitik auf Preisniveau und Beschäftigung stabilisierend einwirken, ist umstritten. Milton

Friedman hat dagegen eingewendet, dass die Wirkungen der Geldpolitik erst mit langen und variablen Zeitverzögerungen (lags) auftreten, weshalb eine genaue Steuerung der Konjunktur mit Hilfe der Geldpolitik nicht möglich sei.

- Antizipierte (nominale) Massnahmen seitens der Regierung oder der Notenbank zeigen weder lang- noch kurzfristig eine Wirkung. Friedman erwartet langfristig eine natürliche Rate der Arbeitslosigkeit. Die neue klassische Makroökonomik zeigt, dass eine systematische wirtschaftspolitische Steuerung keine realen Auswirkungen hat, weil das rationale Individuum sowohl den Wirtschaftsablauf als auch die Wirtschaftspolitik durchschaut. Bei rationalen Erwartungen kann es keine systematischen Unterschiede zwischen erwarteten und tatsächlichen Werten wirtschaftlicher Variablen geben.

Die Ökonomen haben die Hoffnung auf die exakte Steuerbarkeit der Konjunktur verloren.

Aus der Sicht der *modernen politischen Ökonomie* sind, wie Kirchgässner weiter ausführt, die folgenden theoretischen Begründungen, die zur Erklärung des Politikversagens aus der Perspektive des Ökonomen beitragen können, wichtig:

- Das Mehrheitsprinzip lässt die Durchsetzung einer weitgehend desinformierten Mehrheit gegenüber einer besser informierten Minderheit mit intensiveren Präferenzen zu. James Buchanan spricht in diesem Zusammenhang von der Diktatur der Mehrheit. Das Ideal muss deshalb die Einstimmigkeit, die freiwillige Zustimmung oder zumindest die freiwillige Stimmenthaltung aller sein. Der Zweck des Einstimmigkeitsprinzips ist es, Schaden von Individuen abzuwenden, der durch kollektive Entscheidungen entstehen kann.
- Das *Prinzipal-Agent-Problem* beschreibt, wie Regierungen dazu neigen, eigeninteressiert zu handeln und dabei die Wähler ‹vergessen›.

- Der Nutzen, welchen die Beamten aus ihrer Tätigkeit ziehen, lässt sich auf zwei wesentliche Faktoren zurückführen: Die Grösse des ihnen zur Verfügung stehenden Budgets sowie die Freiheit, welche sie bei dessen Verwendung geniessen. Ohne Einschränkungsmechanismen kommt es nach William Niskanan zu einer übermässigen Ausdehnung des öffentlichen Sektors.
- Für die Mitglieder grösserer Gruppen ist es wesentlich schwieriger, sich mit öffentlichen Gütern zu versorgen, als für die Mitglieder kleinerer Gruppen. Ausser bei sehr kleinen Gruppen sind fast immer selektive Anreize oder Zwang notwendig, um die notwendigen Mittel für die Beschaffung öffentlicher Güter bereitzustellen. Kleine, gut organisierbare und konfliktfähige Interessengruppen sind am besten in der Lage, sich mit öffentlichen Gütern zu versorgen.
- Innerhalb ihres politisch-ökonomischen Umfeldes haben die Individuen zwei Möglichkeiten, Einkommen zu erzielen. Sie können produktive wirtschaftliche Tätigkeiten entfalten und die dabei produzierten Güter und Dienstleistungen auf dem Markt anbieten. Sie können aber auch versuchen, staatliche Institutionen zu Umverteilungsmassnahmen zu ihren Gunsten zu veranlassen. Sie beziehen dabei eine Rente, die durch produktive Leistungen anderer finanziert wird. Einem Einzelnen gelingt es kaum, solche Umverteilungen zu seinen Gunsten zu veranlassen. Anders sieht dies für eine einflussreiche Interessengruppe aus. Es stellt sich für das Individuum die Frage, ob es in die Wirtschaft oder in die Politik investieren soll.

Nach diesen theoretischen Ausführungen stellt sich für Kirchgässner die Frage, welche Aufgaben dem Staat übertragen werden sollen. Dabei sollte die Stärke des Marktes keinesfalls unterschätzt werden. Verbote können zu Schattenwirtschaft und illegalen Märkten führen. In staatlich organisierten Bereichen treten Nebenmärkte auf. So führt die staatliche Gesundheitspolitik zu einer *Zwei-Klassen-Medizin* oder im Bildungswesen kommt es zu einem privaten Bildungsmarkt (Bsp. Lernstudio). Grundsätzlich bleibt festzuhalten, dass der Staat zwar regulierend auf die Wirtschaft einwirken kann, dass er aber Märkte nicht einfach unterdrücken kann.

Diskussion

Hermann Lübbe ist mit den klassischen Staatsaufgaben, die von **Ulrich Klöti** vorgestellt wurden, einverstanden. Er stellt über die letzten Jahrzehnte hinweg gesehen fest, dass sich der Staat zunehmend aus der Grundversorgung zurückzieht. Als Beispiel wird die genossenschaftlich getragene Bergstrasse genannt. Für ihn stellt sich demnach die Frage nach den pragmatischen Gründen für diese Verschiebung der Aufgaben. Er vertritt die Meinung, dass Bürger Kosten für Leistungen leichter auf sich nehmen, wenn diese durch die Privatwirtschaft zur Verfügung gestellt werden, als wenn der Staat Steuern oder Gebühren erhebt. Der Staat hat demnach ein Finanzaktzeptanzproblem. Ein Finanzakzeptanzproblem seitens der Bürgerinnen und Bürger ist, gemäss **Klöti,** empirisch kaum belegbar. Dem Konsumenten ist es letztlich gleichgültig, ob er leistungsabhängige Zahlungen einem privaten oder staatlichen Träger zu entrichten hat. Private Träger übernehmen zwar kleine Teile bei der Bereitstellung der Infrastruktur, allerdings werden die grossen Projekte – wie beispielsweise die NEAT – nach wie vor vom Staat gebaut.

Willy Linder fragt nach dem Ziel der Theoriendarstellung Kirchgässners. Aus den Enttäuschungen über die ökonomischen Theorien könne man nicht auf ein Politikversagen schliessen. Für **Gebhard Kirchgässner** ist das keine Frage der Terminologie. Er stellt lediglich fest, dass man mit Keynes noch meinte, dass die Politik das Marktversagen generell beheben könne. Heute weiss man allerdings, dass der Markt und die Politik effektiv versagen können (und in bestimmten Situationen auch tatsächlich versagen). **Linder** erinnert darauf an Popper, welcher bereits festhielt, dass man nie am Ende des Wissens sei. Er würde aus den Enttäuschungen über die Theorien, die sich in der Zukunft als falsch erweisen, nicht auf ein Politikversagen schliessen.

Manfred Elsig fragt nach, ob Parallelmärkte, wie beispielsweise in der Bildung, überhaupt bestehen können. Auf alle Fälle sind diese, wie **Kirchgässner** entgegnet, nicht verhinderbar. Der Markt kommt auch dort, wo wir ihn nicht haben wollen. Diese Nebenmärkte sind Produkte staatlicher Regulierung.

Jakob Nüesch bemerkt, dass der Markt generell wenig Selbstkorrekturen macht und kurzfristig reagiert. Soll man folglich die Prioritätenverschiebung der Menschen ändern und sind langfristige Korrekturen überhaupt möglich? Welches der beiden Systeme ist dafür verantwortlich, dass die grossen Gefahren und Herausforderungen rechtzeitig angegangen werden? Für **Klöti** sollten die Anregungen und Lösungsansätze eigentlich vom Wissenschaftssystem her kommen, wobei dieses Subsystem die Umsetzung nicht selber wahrnehmen kann. Aktivitäten braucht es schliesslich in beiden Subsystemen. Mit Blick auf das Paradebeispiel Umwelt hält **Kirchgässner** fest, dass auf der supranationalen Ebene keine entsprechenden Institutionen existieren, die beispielsweise eine Besteuerung der fossilen Energie durchsetzen können. Zudem handelt es sich beim Treibhauseffekt um ein intergenerationales Problem, dass gemäss dem Modell des *homo oeconomicus* heute nicht gelöst wird: die Berücksichtigung der Interessen der zukünftigen Generationen.

Nüesch meint, man müsste die Produktion der Ressourcen und nicht die der Arbeit erhöhen. Hier kommt den Hochschulen eine neue Rolle zu: Sie müssen hinterfragen, ob das erarbeitete Wissen auch in Zukunft zu genügen vermag, ob nicht grundsätzlich neue Ansätze zu suchen sind. In der Vergangenheit haben stets die Naturwissenschaften mit deterministischen Ansätzen dominiert. Hier muss möglicherweise ein Umdenken stattfinden, indem Erkenntnisse der Sozialwissenschaften stärker miteinbezogen werden.

Thomas Widmer ist erstaunt über **Kirchgässners** Referat, weil unter dem Titel des Politikversagens das Versagen der ökonomischen Theorie erläutert wurde. Er beobachtet ein Zusammenfliessen von privatem und öffentlichem Bereich, was seiner Ansicht nach nicht derart getrennt untersucht werden kann. **Kirchgässner** entgegnet, dass sich die Theorien für eine gewisse Zeit als richtig erweisen können, bevor sie ihr ‹Gültigkeit› verlieren. Marktversagen kann zu Politikversagen führen.

Für **Josef Estermann** geht es weniger um theoretische Abgrenzungsfragen. Vielmehr sucht er in seiner Funktion nach praktischen Lösungen. Selbstverständlich würde er die Fürsorge gerne privatisieren, nur fände sich niemand, der das macht. Zu Lübbe bemerkt er noch, dass der Staat nicht ein Finanzaktzeptanzproblem hat, sondern dass grundsätzlich ein Finanzproblem vorhanden ist.

Abschliessend fasst **Thomas Bernauer** die Diskussion kurz zusammen und stellt fest, dass Privatisierung nicht grundsätzlich, sondern nur in Teilen umstritten ist. Er stellt fünf Arten der Problematik fest:

- Marktversagen führt zu Politikversagen, wie das beispielsweise die Umweltproblematik verdeutlicht.
- Marktversagen führt dazu, dass die Politik funktioniert (Bsp. Fürsorge).
- Der Markt funktioniert nicht, worauf die Politik interveniert und der Markt trotzdem wieder versagt.
- Das Marktversagen kann irrelevant sein.
- Eine Mischung aus Markt- und Politikversagen, wie bei den Finanzmärkten, kann vorkommen.

Teil 4:
«Primat der Wirtschaft – Primat der Politik?»

Referat von Prof. Dr. Hermann Lübbe
(Universität Zürich)

Wirtschaftliche Logik und politische Sachzwänge im Widerstreit

Konservative Kulturkritik neigt traditionell dazu, Moralverfall zu beklagen. Auch für die Gegenwart gilt das – von den Alltagsvandalismen der Sprayerunkultur bis hin zum Subventionsbetrug auf EU-Ebene.

Wir hören also nichts Neues, wenn von moralischer Dekadenz gesprochen wird. Eben deswegen lohnt es sich, den Blick in die entgegengesetzte Richtung zu lenken und zu erkennen, dass Modernisierung Moralisierung erzwingt. Diese Moralisierung hat Verhaltenskonsequenzen, die sich beobachten lassen. Das wird sogar eindrucksvoll, wenn man aus den mannigfachen Phänomenen modernitätsbedingter neuer Moral eine kleine Reihe bildet.

So verspüren mittlerweile die armen Raucher einen nie zuvor gekannten Druck des öffentlichen Aburteils über ihre zum Laster ernannten Konsumgewohnheiten. Versicherer variieren bereits ihre Prämien nach erkennbaren gesundheitsrelevanten Lebensgewohnheiten ihrer Vertragsnehmer. Die Sache hat auch ihre öffentliche Seite. Die Leistungen des Sozialstaates wären längst unbezahlbar geworden, wenn nicht die Mehrheit der Bürger sich den moralischen Regeln gesundheitlicher Lebensführung mit Erfolg unterwürfe. Gewiss trug die medizinische Wissenschaft zu dieser Erfreulichkeit bei. Ungleich grösser aber noch ist der Beitrag, den heute die Menschen in moralischer Selbstbestimmung zur Erhaltung und Förderung ihrer Gesundheit leisten. Hinweise auf manifeste Moralisierungstendenzen lassen sich beliebig fortsetzen. In freiwilliger Nachbarschaftshilfe werden älteren Hausmitbewohnern Einkaufshilfen und sonstige Dienste zuteil. Pendlerdienste fördern in moralisch zustimmungspflichtender Weise ökonomischen und ökologischen Vorteil.

Was sind die Gründe für diese Moralisierungstendenzen? Freiheitsgewinne gehören zu den wirksamsten dieser Gründe. Nie hat eine Zivilisationsgesellschaft freier als die unsrige gelebt. Der Anteil der Lebenszeit, den wir im sozialstatistischen Durchschnitt gegenwärtig noch der Berufsarbeit widmen, ist in den hoch entwickelten Ländern Westeuropas auf etwa acht Prozent abgesunken. Im Zeitalter der Frühindustrialisierung lag er noch doppelt so hoch. Moral ist ja nichts anderes als das Insgesamt der Regeln lebensdienlicher Selbstbestimmung. Da der Anteil der individuellen Freizeit und damit die Selbstbestimmung noch nie so hoch wie heute war, wird die Moralität auch immer wichtiger. Je freier wir leben, um so nötiger wird die Moral.

Für den politischen Lebenszusammenhang scheint Analoges zu gelten. Auch hier sind Moralisierungstendenzen unübersehbar. Der Vorgang der Moralisierung prägt die Weltpolitik. Besonders signifikant ist die Bereitschaft zur Selbstanklage. Eine politische Berufspraxis – man sollte sie *«Zivilbusse»* nennen – hat sich zu einem ritualisierten Bestandteil internationaler Beziehungen entwickelt. Die Deutschen tun dies aus historischen Gründen, die einer Erläuterung nicht bedürfen, seit langem – bei Staatsbesuchen in Prag, in Warschau und selbstverständlich in Jerusalem. Aber auch bei den Siegermächten des Zweiten Weltkrieges ist diese Moralisierungstendenz zu beobachten. Sogar Russland bedient sich der neuen Entschuldigungspraxis zum Beispiel in der causa Katyn gegenüber Polen. Spektakulär ist jüngst auch der neue Bussritus beim Besuch des Präsidenten der USA in mehreren westafrikanischen Ländern in Erscheinung getreten. Clinton entschuldigte sich daselbst für die Sklavenfängerei seiner Landsleute europäischer Abstammung in Zeiten, die bis zu einem Dritteljahrtausend weit zurückliegen. Die Busse Clintons hatte freilich auch ihre Kehrseite. Westafrika stellt seither Entschädigungsforderungen in der Höhe von 777 Trillionen Dollar. Aber auch Politiker aus nichtchristlichen Kulturen pflegen das Bussritual. So haben sich die Japaner mittlerweile sowohl bei den Koreanern als auch den Chinesen entschuldigt.

Es ist evident: Wir unterliegen gegenwärtig grossräumigen **Moralisierungstendenzen,** und die Frage ist, welche Gründe das hat. Diese Gründe bilden ein Gemengengelage, und mit der Lizenz des Philosophen für riskante Thesen wird – mit Rekurs auf Karl Marx – ein einziger wichtiger Grund aus diesem Gemengengelage herausgehoben: Den unleugbaren Bestand zivilisationsabhängig sich ausweitender Transformation von Lebensvoraussetzungen in die Resultate unserer gesellschaftlichen Arbeit. Kombiniert man das mit dem Faktum, das ineins damit zivilisationsabhängig unsere sozialen und regionalen wechselseitigen Abhängigkeiten expandieren, so erkennt man, dass wir uns in der modernen Zivilisation wie nie zuvor als Begünstigte oder auch als Betroffene der Handlungen anderer erfahren.

Moral, als das Insgesamt rechtlich nicht sanktionierter Normen, kann allerdings allein niemals ausreichen, unsere zivilisationsabhängig expandierenden wechselseitigen Abhängigkeiten zu regulieren. Entsprechend schreitet die Verrechtlichung unserer modernen Lebensverhältnisse voran, und nicht zuletzt an der Ausweitung haftungsrechtlicher Regulierung unserer zivilisatorischen Interaktionen liesse sich das bis in seine gewaltigen Dimensionen hinein eindrucksvoll zeigen. Der eingangs erwähnte Raucher verspürt den Aburteilsdruck moderner Gesundheitsmoral. Erkrankt er aber, so weiss er, nämlich wiederum in den USA, mit professioneller Juristenhilfe Sammelklagen gegen die Hersteller der schädigenden Produkte zu organisieren. Anderswo setzt man stattdessen auf öffentliche Pflichten, die vor den potentiellen Schadensfolgen warnen. So oder so: Man sieht sich grossräumig in Pflicht genommen oder Appellen ausgesetzt. Das wirtschaftliche Handeln ist von der Moralisierungstendenz ebenfalls betroffen. Profitinteressen von Kapitalverwertern, zum Beispiel, werden für das Armutselend dieser Welt namhaft und haftbar gemacht.

Der *Primat der Politik gegenüber der Wirtschaft* besteht eo ipso, und wo das kollektive wirtschaftliche Handeln Effekte zeigt, die nicht massenakzeptanzfähig sind, reagiert die Politik eo ipso. Das heisst natürlich nicht, dass die Politik, nämlich in wirtschaftlicher Hinsicht, von sich aus vermöchte, was die Wirtschaft ihrerseits nicht zustande bringt. Aber das wiederum heisst ja nur, dass die Politik nicht alles vermag. Die dramatisch verlaufende Ökonomisierung der internationalen Beziehungen ist und bleibt prinzipiell ein politisch sanktionierter Vorgang. Er fände nicht statt, wenn in den politischen Lebenszusammenhängen die Lebensvorzüge dieses Ökonomisierungsprozesses nicht überwiegende Massenakzeptanz fänden. Diese ist es, mit der sich die grossen politischen Repräsentanten einer globalen Freihandelswirtschaft ausgestattet wissen und was sie berechtigt, in wirtschaftspolitischer Absicht moralisch zu argumentieren – vor allem mit Rekurs auf die ökonomischen Bedingungen der Beseitigung der Armut. So geschah es ja auch im Januar 2000 in Davos durch Clinton und Blair.

Allerdings sind die Ordnungsleistungen des Marktes heute auf expandierenden Feldern, von der Ökologie über Bildung und Fortbildung bis hin zum System unserer sozialen Sicherheit, unerlässlich. Sie gewinnen an Wichtigkeit. Der Umgang mit knappen Gütern verlangt haushälterischen Umgang. Allein auf dem Markt ist das unter entsprechenden ordnungspolitischen Rahmenbedingungen möglich. Mit der wachsenden Komplexität moderner Lebensverhältnisse nimmt die Eignung der öffentlichen Verwaltungen ab, uns anstelle des Marktes mit seinen Leistungen zu bedienen.

Die Menschen in den hochentwickelten Ländern wollen heutzutage gleichzeitig zweierlei: erstens eine Mehrung ihrer Freiheit und zweitens eine Mehrung ihrer sozialen Sicherheit. Je sicherer wir leben, mit desto grösserer Intensität richtet sich das Sicherheitsinteresse auf die allenfalls noch verbliebenen Sicherheitslücken. Wenn das richtig ist, dann erkennt man die politische Erfolglosigkeit jedes Versuches, die Freiheiten und Selbstbestimmungsrechte auf Kosten der Sicherheit gewährleistenden Sozialordnung zu mehren. Das Programm muss ein ganz anderes sein. Es muss schlicht auch das Verhältnis des Bürgers – wie der einschlägigen Institutionen – zu den Voraussetzungen sozialer Sicherheit der ökonomischen Rationalität unterwerfen. Das wäre das Thema «Ökonomisierung» ordnungspolitisch normativ gewendet.

Korreferat von Prof. Dr. Klaus von Beyme

(Universität Heidelberg)

Wirtschaftspolitik und politische Sachzwänge

Einleitend bemerkt Klaus von Beyme, dass es sich bei seinem Beitrag um kein eigentliches Korreferat handle, da ihm die Ausführungen Lübbes vorgängig nicht zur Verfügung gestanden hätten. Grundsätzlich folgt er den von Ulrich Klöti vorgestellten Staatsaufgaben. Die Frage lautet: Wer ist der Mächtige – die Politik oder die Wirtschaft? Theorien bieten keine einheitlichen Antworten an. Vielmehr sind insbesondere auch die deutschen Theorien voll von Widersprüchen, einzig die Argumentationsmuster gleichen einander. So bleiben uns beide Systeme, dasjenige der Wirtschaft als auch dasjenige der Politik, fremd.

Die Staatstheorie ging davon aus, dass Voluntarität das Gemeinwohl anhebe. Nach 1945 rückte die Verwaltung ins Zentrum der

Debatte. Ihr fiel die Rolle des Gemeinwohlsicherers gegenüber den Interessenvertretern im Parlament zu. Heute bleiben nur noch einige *nerves of governance* übrig. In den USA spricht man vom *iron triangle,* bestehend aus zuständigem Kongressabgeordneten und Ministerium sowie den Interessengruppen, welche die Politik steuern. In Europa müsste man eher von einem eisernen Fünfeck ausgehen.

Löst die Wirtschaft nun zunehmend die Politik ab? Liegt also der Primat heute bei der Wirtschaft? Dieser Frage können folgende Thesen entgegengestellt werden:

- Der Neoliberalismus scheint heutzutage weltweit auf einem Siegeszug zu sein. Möglicherweise hat aber diese Entwicklung ihren Zenit bereits überschritten.
- Globalisierung und Europäisierung lassen sich mit exakten Indikatoren messen und sind nicht wegzureden. Allerdings wird die Welt vor 1914 von Ökonomen bereits als globalisiert eingeschätzt, wie Borner bereits ausgeführt hat. Neu sind heute nur noch die globalisierten Finanzmärkte hinzugekommen. Während die Ökonomen die wirtschaftliche Internationalisierung mehrheitlich als ein *Plus-Summen-Spiel* erachten, zeigen sich doch viele Politologen eher skeptisch und widersprechen der These, wonach die Globalisierung nur Gewinner kenne.
- Die französische Regulativschule spricht keineswegs von der gänzlichen Abschaffung des Staates. Vielmehr geht es darum, wie wir vernünftig regulieren können.
- Schliesslich befähigt der korporatistische Staat die Wirtschaft zur politischen Partizipation, wobei der Gesetzgebungsprozess nicht generell durch die Wirtschaft dominiert wird. Gemäss einer Studie werden in Deutschland nur rund 25% aller Gesetzgebungsprozesse durch die Wirtschaft bestimmt.

Bei der Implementation von Gesetzen ist die Wirtschaft sehr präsent. Bei der Justizialisierung ist es keinesfalls so, dass wirtschaftlichen Interessen immer nachgegeben wird. Nur in wenigen Bereichen dominiert die Wirtschaft also effektiv.

Allerdings nimmt die Korruption generell zu. Diktaturen sind korrupte Systeme, Demokratien haben Korruption! Dieses Problem sollte man monetär lösen. Es braucht nicht mehr Staat, wie zuweilen gefordert wird, sondern mit monetären Hilfen sollte der Bereich des Politischen wieder sauber gemacht werden.

Diskussion

Staat und Wirtschaft werden, wie **Willy Linder** ausführt, durch die Vergangenheit belastet. Ein Abbau von wirtschaftspolitischen Kompetenzen des Staates ist zu konstatieren. Nicht alle Bereiche der Wirtschaft sind politisierbar, wie das Beispiel der Geldpolitik zeigt, bei dem die Notenbankpolitik zu chaotischen Zuständen führen kann. In gewissen Bereichen scheint der Primat der Politik ungeeignet. Zu Klaus von Beymes Ausführungen bemerkt Linder, dass es sich bei der Korruption um eine menschliche Kategorie handelt.

Von Beyme hebt heraus, dass in einem Regierungskollegium der Finanzminister immer stärker wird. Es werden viele Regulierungen produziert, vieles kann aber einer symbolischen Politik zugeordnet werden. Deutlich wird dies in Deutschland am Stabilitätsgesetz. Überdies gibt es Regulierungen, die zwar ernst gemeint waren, sich aber als symbolische Politik erwiesen haben, wie in der Kartellpolitik heute ersichtlich wird. Die deutschen Umweltgesetze schliesslich sind nicht genügend ausdifferenziert, so dass seitens der Wirtschaft immer wieder hineinregiert werden kann.

Hinter der moralischen Fassade politischer Auftritte, wie demjenigen Präsident Clintons in Davos, sind wirtschaftliche Interessen und Interessengruppen zu vermuten. Das Moralische ist bloss eine Methode zur Einflussnahme durch Interessengruppen, meint **Gebhard Kirchgässner** gegenüber Hermann Lübbe. Er möchte klar zwischen Rhetorik und Einfluss von Interessengruppen unterscheiden.

Lübbe erwidert, dass zwar im Einzelfall mit solchen Interessen zu rechnen ist, dass allerdings die öffentliche Meinung der Welt eine gewichtige Rolle spielt. Im Fall von Clinton und Blair in Davos spricht Lübbe von einer klugen Rücksichtnahme auf die weltöffentliche Meinung. Die Politik orientiert sich schliesslich an der Massenmeinung, zu der die erstarkende moralische Internationale beiträgt (Bsp. Greenpeace). Je reicher die Gesellschaft insgesamt wird, desto eher sind wir bereit, uns die Moral etwas kosten zu lassen.

Georg Kohler fragt, wieso in den Stellungnahmen so wenig Rücksicht auf die grundsätzlichen Unterschiede zwischen dem Systemen des Politischen und dem System des Marktes genommen wird. Diese Unterschiede sind durchaus vorhanden. Es fragt sich, ob heute die Balance zwischen den beiden Systemen gestört ist. Kein System ist alleine in der Lage, die Balance wiederherzustellen, denn es handelt sich um komplementäre Systeme. Das System des Politischen ist darauf ausgerichtet, Konsens und Akzeptanz zu schaffen, womit es zwangsläufig langsam wird, denn Konsens und Gemeinschaftlichkeit sind keine binären Codes. Für das System der Wirtschaft gilt nur das Effizienzkriterium. Die Wirtschaft ist einfach, Politik dagegen schwierig.

Zum Schluss richtet sich **von Beyme** nochmals an Lübbe. Er meint, dass Reinigungsmechanismen die Politik nicht schlechthin reinigen. Zuerst werden politische Ideale mit den Füssen getreten und dann werde moralisiert. Der moralische Protest (der Opposition) werde schliesslich entweder kleingekocht oder gleich in die Wirtschaft und in die Politik eingebaut. **Lübbe** argumentiert diesbezüglich historisch. In den Debatten der sechziger und siebziger Jahre ist diskutiert worden, wie sich das Wirtschaftssystem zum liberalen Staat verhält. Die moralphilosophische Entscheidung ist gefallen, der demokratische Verfassungsstaat verknüpfe sich zwangsläufig mit der Marktwirtschaft. Adam Smith als Moralphilosoph und Begründer der modernen Ökonomie hat einen moralischen Standpunkt vertreten. Die wirtschaftlichen Lebensorientierungen sind repräsentativ und würden bereits eine moralische Komponente beinhalten. Am Primat der Politik muss festgehalten werden, um weiter am Funktionieren der Wirtschaft festzuhalten können.

Begründet von Prof. Dr. Dr. h.c Friedrich A. Lutz (†)

Herausgeber:
Bis Band 17: Prof. Dr. Daniel Frei (†)
Band 18 bis 22: Prof. Dr. Willy Linder
ab Band 23: Prof. Dr. Dieter Ruloff

Band 28:

Technologie und Gesellschaft an der Jahrtausendwende

mit Beiträgen von:
Martin Bangemann, Lord Dearing, Lawrence D. Freedman, Gert Lorenz, Jürgen Mittelstrass, Ulrich Seiffert, Horst Teltschik
herausgegeben und eingeleitet von
Dieter Ruloff

166 Seiten (1999) ISBN 3 7253 0629 X
Fr. 32.70 / DM 38.20 / ÖS 278.–

Band 27:

Globalisierung – eine Standortbestimmung

mit Beiträgen von:
Thomas Bernauer, Volker Bornschier, Dieter Chenaux-Repond, Shmuel Noah Eisenstadt, Fritz Fahrni, Gerhard Fels, Jürg M. Gabriel, Peter Glotz, Helmut O. Maucher, Kurt R. Spillmann;
herausgegeben und eingeleitet von
Dieter Ruloff

177 Seiten (1998) ISBN 3 7253 0606 0
Fr. 32.60 / DM 38.20 / ÖS 278.–

Das Flüchtlingsproblem – eine Zeitbombe?
Beiträge von B. Knabe, A. Koller, W. de Lobkowicz, M. Moussalli, H.-J. Hoffmann-Nowotny, Ch. Watrin
Bd. 20, 120 S., (1991) ISBN 3 7253 0396 7
Fr. 28.60 / DM 33.50 / ÖS 243.–

Glasnost und Perestroika – Der Sozialismus im Wandel
Beiträge von O. Bogomolov, G. Hedkamp, V. Korotich, B. Meissner, A. Oplatka, G. Simon, M. Wörner
Bd. 19, 130 S., (1990) ISBN 3 7253 0376 2
Fr. 28.60 / DM 33.50 / ÖS 243.–

Europäische Herausforderung
Beiträge von Lord Cockfield, F. Cotti, W. Dekker, F. Heisbourg, C. Nicolin, W. Weidenfeld, J. Widgren
Bd. 18, 102 S., (1989) ISBN 3 7253 0348 7
Fr 28.60 / DM 33.50 / ÖS 243.–

Neuer Realismus in den Nord-Süd-Beziehungen?
Beiträge von O. M.F. Ballarin, J.-M. Camdessus, B. Fritsch, K. K S. Dadzie, Sir G. Howe, S. S. Husain, Y. Kurosawa, F. R. Staehelin, W. F. Stolper
Bd. 17, 192 S., (1988) ISBN 3 7253 0324 X
Fr. 28.60 / DM 33.50 / ÖS 243.–

Ideen unserer Zeit
Beiträge von R. Barre, W. de Clercq, S. E. Ibrahim, H. Küng, P. Lendvai, N. Lobkowicz, H. Lübbe, E. Noelle-Neumann, N. Podhoretz
Bd. 16, 188 S., (1987) ISBN 3 7253 0301 0
Fr. 28.60 / DM 33.50 / ÖS 243.–

Das Dreieck Europa-Amerika-Asien
Beiträge von K. Furgler, V. Hao Li, B. Hawrylyshyn, J. de Larosière, W. Linder, R. O'Neill, St. Schmidheiny, E. Schurtenberger
Bd. I5, 154 S., (1986) ISBN 3 7253 0272 3
Fr. 28.60 / DM 33.50 / ÖS 243.–

Ost-West-Beziehungen
Beiträge von Sir A. Acland, E. Brunner, H. Bütler, Lord Carrington, F. W. Christians, A. Grosser, F. Karasek, W. Laqueur, H. Rühle
Bd. 14, 140 S., (1985) ISBN 3 7253 0247 2
Fr. 28.60 / DM 33.50 / ÖS 243.–

Wege aus der Weltwirtschaftskrise
Beiträge von P. Borgeaud, W. E. Brock, E. van Lennep, F. Leutwiler, H. Maucher, J. Morse, M. Timar, H. C. Wallich, C.-Ch. von Weizsäcker
Bd. 13, 140 S., (1984) ISBN 3 7253 0222 7
Fr. 28.60 / DM 33.50 / ÖS 243.–

(Band 1 bis 12 sind erschienen im «Schulthess Polygraphischer Verlag», Zürich)

Thomas Bernauer und Dieter Ruloff (Hrsg.)

Globaler Wandel und schweizerische Aussenpolitik

Informationsbeschaffung und Entscheidungsfindung der Schweizerischen Bundesverwaltung

364 Seiten (2000) ISBN 3 7253 0657 5
Fr. 55.– / DM 64.50 / ÖS 468.–

Aviva R. Schnur

Agieren oder Reagieren?

Aussenpolitische Entscheidungsprozesse in Bundesrat und Bundesverwaltung

250 Seiten (2000) ISBN 3 7253 0673 7
Fr. 47.– / DM 55.– / ÖS 399.–

Roland Bieber, Bettina Kahil-Wolff und Sonja Kallmayer

Differenzierte Integration in Europa – Handlungsspielräume für die Schweiz?

197 Seiten (2000) ISBN 3 7253 0672 9
Fr. 43.– / DM 50.20 / ÖS 364.–

Verlag Rüegger • Chur / Zürich
www.rueggerverlag.ch • info@rueggerverlag.ch

Marco Schaub

European Regional Policy

The Impact of Structural Transfers and the Partnership Principle since the 1988 Reform

206 pages (2000) ISBN 3 7253 0688 5
Fr. 53.20 / DM 62.10 / ÖS 451.–

Andreas Sturm, Mathis Wackernagel and Kaspar Müller

The Winners and Losers in Global Competition

Why Eco-Efficiency Reinforces Competitiveness: A Study of 44 Nations

88 pages (2000) ISBN 3 7253 0658 3
Fr. 28.– / DM 32.80 / ÖS 237.–

Hanspeter Tschäni and Ossi Tuusvuori (Eds.)

Principles and Elements of Free Trade Relations

40 Years of EFTA Experience

304 pages/hardcover (2000) ISBN 3 7253 0678 8
Fr. 59.– / DM 69.– / ÖS 500.–

Verlag Rüegger • Chur / Zürich
www.rueggerverlag.ch • info@rueggerverlag.ch

Ingrid Kissling-Näf und Frédéric Varone (Hrsg.)
unter Mitarbeit von
Markus Giger, Andreas Klaey und Corine Mauch

Institutionen für eine nachhaltige Ressourcennutzung

Innovative Steuerungsansätze
am Beispiel der Ressourcen Luft und Boden

254 Seiten (2000) ISBN 3 7253 0685 0
Fr. 49.– / DM 57.40 / ÖS 216.–

Erika Laubacher-Kubat

Einmischung für den Frieden

Prävention und Bearbeitung ethnopolitischer Konflikte

325 Seiten (2000) ISBN 3 7253 0687 7
Fr. 53.20 / DM 62.10 / ÖS 451.–

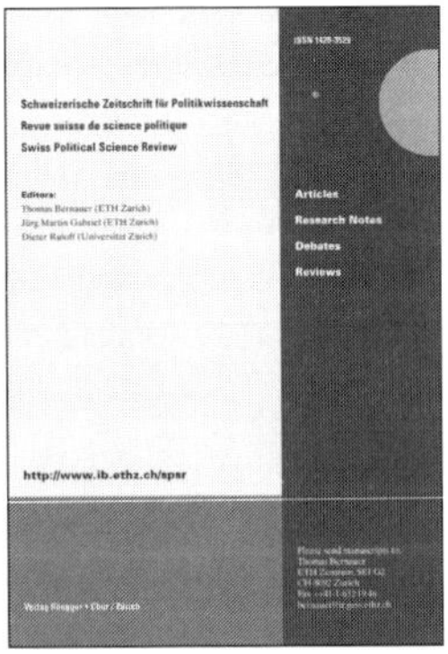

Schweizerische Zeitschrift für Politikwissenschaft
Revue suisse de science politique
Swiss Political Science Review

Eine vierteljährliche Zeitschrift mit Beiträgen zu allen Bereichen der politischen Wissenschaft als Plattform für wissenschaftlich-politische Debatten.

Herausgeber: Schweizerische Vereinigung für Politische Wissenschaft

Abonnement: Fr. 100.– / DM 125.– / ÖS 800.–
Institutionen:
Fr. 125.– / DM 155.– / ÖS 1000.–

Verlag Rüegger • Chur / Zürich
www.rueggerverlag.ch • info@rueggerverlag.ch